LES

DEMOISELLES

DE

MAGASIN

PAR

CH. PAUL DE KOCK

auteur de :

Une Femme à trois Visages, Monsieur Cherami, Monsieur Choublanc, la Mare d'Auteuil, Cerisette, Une Gaillarde, etc.

(ENTIÈREMENT INÉDIT.)

« Le plaisir de l'amour est d'aimer, et l'on est plus heureux par la passion que l'on a, que par celle que l'on donne. »
Maximes de LA ROCHEFOUCAULD.

VI

PARIS

L. DE POTTER, LIBRAIRE-ÉDITEUR

RUE FONTAINE-MOLIÈRE, 27

LES

DEMOISELLES DE MAGASIN

NOUVEAUTÉS EN LECTURE
DANS TOUS LES CABINETS LITTÉRAIRES.

Les Demoiselles de Magasin, par Ch. Paul de Kock, 6 v. in-8.
Les Métamorphoses du Crime, par X. de Montépin, 6 v. in-8.
Coquelicot, par le vicomte Ponson du Terrail, 4 vol. in-8.
Le Mendiant de Tolède, par Molé-Gentilhomme et Constant Guéroult, 4 vol. in-8.
Les Buveurs d'absinthe, par Henry de Kock. 6 vol. in-8.
Les Chevaliers de l'As de Pique, par A. Blanquet. 4 v. in-8.
Les Bohêmes de Paris, par P. du Terrail, 7 v. in-8.
Crochetout le Corsaire, roman maritime par E. Capendu, 6 vol. in-8
Un crime mystérieux, par la Comtesse Dash, 3 vol. in-8.
Les Bateleurs de Paris, par Clémence Robert, 3 vol. in-8.
L'Oiseau du Désert, par Elie Berthet, 5 vol. in 8.
Ecoliers et Bandits, par Edouard devicque, 4 vol. in-8
Les trois Hommes noirs, par Luc-Chardall, 4 vol. in-8.
Le Trou de Satan, par Ponson du Terrail, 3 v. in-8.
La Famille de Marsal, par Alexandre de Lavergne, 7 vol. in-8.
Les Compagnons de la Torche, par X. de Montépin, 5 vol. in-8.
Le Chevalier de la Renaudie, par Edouard Devicque, 5 vol. in-8.
Les Démons de la Mer, par Henry de Kock, 6 vol. in-8.
La Belle Antonia, par Ponson du Terrail, 3 vol. in-8.
Alain de Tinteniac, par Théodore Anne, 3 vol. in-8.
Le Gentilhomme Verrier, par Elie Berthet, 6 vol. in-8.
La Filleule d'Arlequin, par Maximilien Perrin, 2 vol. in-8.
Noélie, par Eugène Scribe, 4 vol. in-8.
Les Chevaliers du clair de lune, par Ponson du Terrail, 7 vol.
Amaury le Vengeur, par Ponson du Terrail, 7 vol. in-8.
L'Homme rouge, par Ernest Capendu, 5 vol. in-8.
L'Ame et l'ombre d'un Navire, par G. de La Landelle, 5 v.
La Sorcière du roi, par la comtesse Dash. 5 vol. in-8.
Les Sabotiers de la Forêt noire, par E. Gonzalès. 3 vol. in-8.
Le Nain du Diable, par la comtesse Dash. 4 vol. in-8.
Le Ménage Lambert, par A. de Gondrecourt. 2 vol. in-8.
Fleurette la Bouquetière, par Eugène Scribe. 6 vol. in-8.
Le Parc aux Biches, par Xavier de Montépin. 7 vol. in-8.
La Maitresse du Proscrit, par Emmanuel Gonzalès. 4 vol. in-8.
Les Etudiants de Heidelberg, histoire du siècle de Louis XIV, par le vicomte Ponson du Terrail. 7 vol. in-8.
Les Mystères de la Conscience, par Etienne Enault. 4 vol. in-8.
Les Gandins, par le vicomte Ponson du Terrail. 6 vol. in-8.
L'Homme des Bois, par Elie Berthet. 6 vol. in-8.
Les trois Fiancées, par Emmanuel Gonzalès. 3 vol. in-8.
La Tigresse des Flandres, par Constant Guéroult. 3 vol. in-8.
Daniel le laboureur, par Clémence Robert. 4 vol. in-8.
Les grands danseurs du roi, par Ch. Rabou. 3 vol. in-8.
L'Amour au bivouac, par A. de Gondrecourt. 5 vol. in-8.
Les Princes de Maguenoise, par H. de Saint-Georges. 6 v. in-8.
Le Cordonnier de la rue de la Lune, par Th. Anne. 4 v. in-8.
Le Roi des gueux, par Paul Féval. 6 vol. in-8.

Pour la suite des Nouveautés, demander le Catalogue général qui se distribue gratis.

WASSY. — IMPRIMERIE DE MOUGIN-DALLEMAGNE.

LES

DEMOISELLES

DE

MAGASIN

PAR

CH. PAUL DE KOCK

auteur de

Une Femme à trois Visages, Monsieur Cherami, Monsieur Choublanc, la Mare d'Auteuil, Cerisette, Une Gaillarde, etc.

(ENTIÈREMENT INÉDIT.)

« Le plaisir de l'amour est d'aimer, et l'on est plus heureux par la passion que l'on a, que par celle que l'on donne. »
Maximes de LA ROCHEFOUCAULD.

VI

PARIS

L. DE POTTER, LIBRAIRE-ÉDITEUR

RUE FONTAINE-MOLIÈRE, 27

LES

MÉTAMORPHOSES DU CRIME

PAR

XAVIER DE MONTÉPIN

Le titre de ce livre est étrange. — Le livre est plus étrange encore. — L'imagination ne saurait rêver rien de plus terrible, de plus curieux, de plus émouvant, que le drame mystérieux et sinistre qui se déroule dans le nouveau roman de l'auteur des *Marionnettes du Diable* et des *Compagnons de la Torche*.

Nous ne croyons pas qu'il soit possible de pousser plus loin l'intérêt. — Le lecteur oppressé, haletant, agité d'une curiosité fiévreuse, ne peut quitter le livre commencé et va tout d'une haleine de la première à la dernière page.

Nous devons ajouter que les événements dramatiques racontés avec un talent hors ligne, reposent sur une base réelle, et que la donnée primitive du roman est empruntée à un procès criminel oublié aujourd'hui, mais qui fit grand bruit en 1830, et préoccupa la France et l'Europe entières.

Le type effrayant de *Rodille*, les personnages si attendrissants, si sympathiques de *Jean Vaubaron*, de *Blanche*, de *Paul Mercier*, compteront parmi les créations les plus heureuses du plus brillant romancier contemporain.

LES BUVEURS D'ABSINTHE

PAR

HENRY DE KOCK.

Voici un nouveau livre d'Henry de Kock, appelé, comme succès, à rivaliser avec les meilleurs ouvrages de nos meilleurs romanciers. L'auteur du *Médecin des Voleurs*, des *Démons de la Nuit*, et de tant d'autres romans qui ont leur place dans toutes les bibliothèques, s'est surpassé dans ses *Buveurs d'absinthe*. Sous ce titre original, et tout d'actualité, Henry de Kock a frondé une passion qui, malheureusement, tend de plus en plus à se répandre en France, comme celle d'une autre infernale liqueur, — le gin, — chez nos voisins d'outre-Manche. Au milieu des événements nombreux d'un drame des plus intéressants, Henry de Kock a montré ses *Buveurs d'absinthe* aux prises avec l'idiotisme, la folie, le crime, suites inévitables de leur manie dégénérée en vice; puis, à côté de ces types odieux il en a tracé d'autres, aimables ou amusants ceux-là, pour épanouir ou consoler l'âme du lecteur. C'est un livre qui restera que les *Buveurs d'absinthe*, non seulement comme un roman, mais aussi comme une étude utile à consulter, agréable à lire; comme une œuvre remarquable, tout à la fois comme philosophie et comme morale, comme style et comme portée.

Wassy. — Imprimerie de MOUGIN-DALLEMAGNE.

CHAPITRE TRENTE-ET-UNIÈME
(Suite.)

XXXI

» — Mais, madame, je suis attendu pour
» affaire importante...

» — Cela m'est égal, j'irai avec vous par-
» tout où vous irez... »

» — Vous jugez, messieurs, dans quelle » situation je me trouvais !... Je double le » pas, je cherche à fatiguer ce crampon » pendu après moi, c'était comme si je ne » faisais rien, elle marchait comme un tam- » bour-major. Mais madame, lui dis-je, je » ne puis pas vous mener où je vais, c'est » un dîner d'hommes...

» — Cela m'est égal, au contraire, les » hommes ne me font pas peur...

» — Mais, lui dis-je, ce serait inconve-
» nant... si vous voulez absolument me re-
» voir, j'aime mieux que vous me donniez
» un rendez-vous... je m'y rendrai...

» — Ta! ta! ta! s'écrie-t-elle, pas si
» niaise, vous ne viendriez pas à ce rendez-
» vous... c'est pour vous débarrasser de moi
» que vous me dites cela... si vous voulez
» absolument que je vous quitte en ce mo-
» ment, il n'y a qu'un moyen...

» — Lequel madame ?

» — D'abord, vous allez me diré votre » nom.

» — Mon nom ?

» — Oui, votre vrai nom !

» — Ici, messieurs, il me vint à l'esprit » une idée... que je crois assez machiavéli» que ! je me dis : Puisque ce polisson de » Sibille Peloton donne mon portrait pour » le sien, pourquoi, moi, ne donnerais-je pas » son nom au lieu du mien ?...

» — Bravo! excellente idée! » s'écrient les convives! « c'était de bonne guerre.

» — Alors, je réponds avec assurance à » mon affreuse conquête : Je me nomme Si- » bille Peloton, jeune négociant en mousse- » line et autres calicots! Mais vous allez voir. » J'avais affaire à une gaillarde aussi fine » qu'elle était grosse, elle me répond :

» — Sibille Peloton! c'est possible, mais » comme je veux en avoir la certitude, vous

» allez me conduire à votre demeure ; là, je » demanderai au concierge si vous êtes bien » en effet monsieur Sibille Peloton, s'il m'af- » firme que c'est la vérité, je vous quitte, » je vous laisse vaquer à vos affaires, mais » demain vous recevrez ma visite.

» — Jugez de mon embarras, j'étais pris » dans mes propres filets !

» — Où demeurez-vous ?... me dit mon » colosse.

» — Vous le verrez bien, puisque vous ne » voulez pas me quitter, lui dis-je avec hu» meur; et je me mets à arpenter de nou» veau. J'avais quitté la rue de Richelieu. » Je choisissais les rues les plus sales, les » plus crottées, je pataugeais exprès dans » les ruisseaux... rien n'y faisait, mon cram» pon ne me lâchait pas. J'étais désolé, je ne » savais à quel saint me vouer, lorsqu'enfin » la Providence vint à mon secours sous la

» forme d'un omnibus. Un charbonnier ve-
» nait de passer contre nous, et avec son sac
» de charbon, il avait heurté si rudement
» le chapeau de cette dame qu'il avait failli
» le lui enlever. Elle est donc obligée de lâ-
» cher un moment mon bras pour remettre
» son chapeau en place... Oh ! charbonnier,
» je te bénis !.. me sentant libre, je vois à dix
» pas un omnibus arrêté, je cours, ou plutôt
» je vole, c'est le mot. Il était temps, il allait

» partir... je saute dedans... Je me jette sur
» tout le monde, j'écrase des pieds... on me
» donne des noms fort désagréables, ça m'est
» égal, enfin je suis casé... Mais j'aperçois
» mon cauchemar qui court après la voiture
» en faisant signe au conducteur d'arrêter...
» Une sueur froide coule de mon front, lors-
» que j'entends retentir ce mot... qui me
» rend à la joie, à la liberté : *Complet !*...
» nous étions complets... Ah ! jamais mot si

» doux ne frappera mon oreille, jamais la
» roulade d'une Alboni, d'une Patti ! ne me
» fera éprouver une sensation plus délicieuse
» que ce mot : complet, prononcé par la voix
» enrouée du conducteur. Par conséquent
» mon colosse en fut pour ses signes, ses
» cris, et c'est ainsi que je parvins à lui
» échapper. L'omnibus me conduisit à la
» Madeleine, mais là j'en pris un autre qui

» me ramena près de vous. Voilà, messieurs.
» pourquoi je me suis fait attendre. »

Le récit de Boniface a beaucoup diverti ses invités. Tout le monde a ri, même Roger, qui cependant ne rit plus guère depuis quelque temps et n'a consenti à se rendre à ce dîner que parce qu'il veut y tenter une nouvelle épreuve sur Lucien Bardecourt.

On se met à table et le jeune peintre a soin de se placer à côté de Lucien. Tout le monde est disposé à faire honneur au repas. L'amphytrion a retrouvé toute sa bonne humeur ; cependant il s'écrie encore :

« — Diable de femme ! si du moins elle
» avait été jolie...

» — Si elle avait été jolie ? » dit Ernest,
« mon petit cousin ne se serait pas sauvé
» quand elle s'est retournée dans la rue.

» — C'est probable, mais alors pourquoi

» lui fourre-t-il mon portrait dans son
» gant ?

» — Ah ! ceci est une rouerie que je ne
» comprends plus.

» — Moi, je suis persuadé qu'il fait tout
» cela pour m'attirer des aventures désa-
» gréables... mais qu'est-ce que je lui ai fait,
» mon Dieu ! qu'est-ce que je lui ai fait ?

» — Oublions M. Sibille, » dit Roger,

« et buvons à la santé de notre amphy-
» trion. »

La santé est portée avec enthousiasme.

« — Excellent madère ! » dit Lucien.

« — Messieurs, ne le ménagez pas, que
» ceux qui en veulent tout le temps du dîner
» ne se gênent point... ou du champagne
» frappé, ou du bordeaux, ou du corton...
» enfin de celui que l'on voudra, nous
» sommes ici pour ne rien nous refuser.

» — Parbleu ! » dit Roger, « je ne bou-
» derai devant aucun... Je parie bien que
» mon voisin de droite n'est pas homme
» à me tenir tête. »

Ces paroles s'adressaient à Lucien, qui s'empresse de répondre :

« — Moi, mon cher ? Oh ! mais vous vous
» attaquez à forte partie, vous ne savez
» donc pas que j'ai une très-forte tête ! non-
» seulement je boirai autant que vous, mais

» je boirai bien plus que vous, sans que cela
» m'étourdisse...

Roger avait piqué l'amour-propre de Lucien, c'était tout ce qu'il voulait, d'autant plus qu'au dernier repas offert par Boniface, il avait remarqué que le brillant séducteur était très-étourdi au dessert sans cependant avoir beaucoup bu. Il emplit son verre de madère en disant :

« — En ce cas, le pari est tenu, un dîner

» pour la société sera payé par celui de nous » qui le premier avouera qu'il en a autant » qu'il peut en porter...

» — C'est entendu, c'est gagé ! messieurs » vous êtes nos témoins, vous serez aussi nos » juges. »

En disant cela, Lucien avale son verre de madère.

« — Voilà un pari qui me réjouit, » dit Ernest Miroir, « car dans tout cela je vois

» en perspective un autre festin, et s'il vaut
» celui-ci, ma foi, messieurs, nous allons
» passer une joyeuse vie...

» — Tu ne paries rien, Calvados? » demande Boniface en s'adressant à son ancien ami.

« — Ma foi non, que veux-tu que je parie
» maintenant, que grâce à mon neveu je suis
» sûr de la fidélité de ma femme...

» — Mais on ne sait pas... si tu essayais
» encore une épreuve ?...

» — Tu crois ?

» — Non mon oncle, non, n'essayez pas, » s'écrie le jeune officier, « c'est tout à fait inu-
» tile, d'ailleurs vous avez juré que vous ne
» mettriez plus ma tante à l'épreuve ; un
» homme d'honneur ne manque pas à son
» serment...

» — C'est juste, tu as raison mon neveu ;

» alors messieurs, buvons à Pénélope ! c'est » le surnom que j'ai donné à mon épouse. »

Les convives ne demandent pas mieux que de boire à Pénélope. Lucien fait remarquer à la société qu'il fait toujours rubis sur l'ongle, tandis que son parieur laisse fort souvent du vin dans son verre. Roger sourit en répondant :

« — Je vous rattraperai ! » mais il se garde bien de chercher à rattraper son voisin, et il sera enchanté de perdre le pari, s'il parvient à griser Lucien.

« — Dans tout cela, » dit Boniface après un nouveau toast que Calvados a porté à la vertu de sa femme, « si mon malheur voulait
» que je rencontrasse de nouveau cette énorme
» dame qui est amoureuse de moi, comment
» ferais-je pour m'en dépêtrer... on n'a pas
» toujours sous sa main un charbonnier et
» un omnibus pour vous tirer d'affaire...

» — Monsieur Triffouille, » dit le jeune militaire, « si pareille chose vous arrive, condui-
» sez cette dame jusqu'à la demeure de mon
» oncle, faites-moi demander et je me charge
» de vous débarrasser de votre belle...

» — En vérité !... vous feriez cela ?...
» Est-ce que vous consentiriez à lui faire la
» cour ?

» — Oh ! non, je ne vous promets pas
» cela, mais je ferai mettre cette dame au

» violon jusqu'à ce qu'elle ait promis de ne
» plus prendre de force le bras aux gens.
» Enfin je tâcherai de lui faire un peu peur...
» en respectant son sexe cependant...

» — Ah ! merci mille fois... vous me
» rendez à la tranquillité... Je n'aurais plus
» osé me promener dans Paris. Messieurs,
» un toast en l'honneur du lieutenant. »

Le toast est porté. Puis un autre au beau sexe qui ne court pas après les hommes dans la rue, puis un autre à la vengeance que Boniface espère exercer sur Sibille, puis un nouveau proposé par Calvados, aux maris qui ont le bonheur de posséder une femme comme la sienne.

A force de porter des toasts, de passer du madère au corton, du corton au champagne, du champagne au bordeaux, ces messieurs sont arrivés à cette pointe de gaîté qui fait que tout le monde parle à la fois, qu'on ne sait plus trop ce qu'on dit, mais qu'on rit de tout ce qu'on entend.

Roger seul s'est ménagé et par cela même il a excité Lucien à boire davantage, car il lui dit à chaque instant :

« — Décidément... je serai vaincu... je
» ne suis pas de force... Ah! comme vous
» buvez... comme vous me laissez en ar-
» rière...

» — Eh! pardieu! mon cher, j'en étais

» sûr, je vous avais prévenu... Tenez... » Voyez comme j'avale ça !... hop !... Tenez, » en voulez-vous encore un... pendant que je » suis en train... Eh ! allez donc ! j'avale le » champagne comme du petit-lait... Oh ! » vous avez perdu le pari. »

» — Oh ! tout à fait... vous êtes mon » vainqueur... je le reconnais...

» — C'est bien... pour que vous en soyez

» sûr, tenez... je bois... je bois encore... encore
» cette rasade !.. »

Si les autres convives avaient une petite pointe, Lucien Bardecourt en avait une grande, il était complètement gris. C'était ainsi que Roger voulait le voir, car il se souvenait de ce vieux proverbe : *in vino veritas.* Il s'empresse alors de mettre Lucien sur le chapitre de ses bonnes fortunes, en lui disant :

« — Eh bien ! et les amours, les con-
» quêtes, cela va-t-il toujours à votre gré ?

» — Les amours !.. » répond Lucien d'une voix pâteuse. « Oh ! oui... les amours... c'est
» mon fort à moi !.. c'est ma partie !..

» — Et cette jolie femme, avec qui je
» vous ai vu au Château-des-Fleurs... elle se
» nommait Cléopâtre, je crois...

» — Cléopâtre !.. ah ! oui, une fameuse...
» Oh ! c'est fini avec elle... fini depuis long-

» temps... elle me jouait des tours... des » tours pendables... Je vais reprendre du » champagne... il est excellent... pauvre » garçon ! qui ne sait pas boire...

» — C'est vrai... je m'avoue vaincu. Ah ! » vous avez quitté cette demoiselle Cléo- » pâtre...

» — Mon petit... figurez-vous... elle ve- » nait chez moi... elle me chipait mes pan- » talons... elle en mettait sous sa crinoline...

» et mes gilets... elle allait les vendre... je
» l'ai lâchée...

» — Et... et Marie... la jolie Marie?

» — Marie! qu'est-ce que c'est que ça,
» Marie... connais pas!..

» — Mais si, une jeune fille qui est chez
» une lingère... rue de Rivoli...

» — Ah! Marie! la pimbèche!.. m'a-
» t-elle fait aller celle-là... et droguer inuti-
» lement devant sa boutique...

» — Inutilement, dites-vous... n'a-t-elle » donc pas été votre maîtresse ?

» — Marie !.. pas moyen, mon cher... » c'est une tigresse... une petite sotte !.. Un » jour je la rencontre... je ne sais plus où... » ça ne fait rien... je lui offre mon bras... » elle refuse... J'insiste, elle refuse encore, » puis, je ne sais plus à propos de quoi... la » voilà qui pâlit... qui chancelle... qui allait » se trouver mal... elle fut bien obligée alors

» d'accepter le bras que je lui offrais tou-
» jours... Versez moi du champagne... non,
» du porto maintenant... il est fameux ce
» porto... Goûtez-en donc mon cher...

» — Et quand cette petite Marie fut à
» votre bras... où l'avez-vous menée...

» — Menée... pas du tout, elle m'a lâché
» au bout d'un moment... en me disant...
» qu'est-ce qu'elle m'a dit... je ne m'en sou-
» viens plus!.. c'est une petite sotte!.. une

» mijaurée !.. mais un de ces jours je la re-
» trouverai... C'est singulier... j'ai mal à la
» tête !.. »

Roger savait tout ce qu'il désirait, il ne pouvait plus douter de l'innocence de Marie, Lucien était trop réellement ivre pour mentir. Au bout de quelque temps la société sort du restaurant, puis chacun va de son côté. Au lieu d'accompagner ceux de ces messieurs qui vont au café, le jeune artiste court rue de

Rivoli. Il était alors dix heures du soir, car on avait tenu table longtemps. Roger regarde au travers des vitres de la lingère. Marie est encore à sa place dans le magasin. Le jeune homme veut absolument lui parler, lui dire qu'il sait qu'elle n'a jamais été la maîtresse de Lucien, il s'est juré de ne point prendre de repos avant d'avoir dit cela à Marie, mais comment y parvenir. Pour monter à sa chambre la jeune fille ne sort pas dans la rue, une porte qui est au fond de la boutique communique dans la cour. Roger prend le seul moyen qui se présente. Il sonne à la porte cochère, passe devant le concierge en disant :

« — Je vais chez la fleuriste à l'entresol, »

et va se placer dans l'escalier qui est fort bien éclairé et où il attend Marie.

Dix minutes s'écoulent ; puis une porte s'ouvre en bas, on sort du magasin de la lingère. On monte légèrement l'escalier et bientôt Marie se trouve devant Roger, elle pousse un cri de surprise, presque d'effroi en l'apercevant; celui-ci se hâte de lui dire :

« — Ma présence vous déplaît, je le vois
» bien, mademoiselle, pardonnez-moi donc
» d'avoir bravé votre défense pour vous re-
» voir, pour vous parler encore... mais je
» voulais absolument vous dire que Lucien
» Bardecourt a lui-même proclamé votre in-

» nocence et reconnu qu'aucune intimité n'a-
» vait existé entre vous et lui...

» — Eh bien! monsieur... cela vous a
» étonné... vous pensiez donc que je vous
» avais menti, moi? » répond Marie avec
fierté.

» — Non, mademoiselle... non, Marie...
» mais je pouvais penser... ce changement si
» soudain dans vos manières avec moi... car
» autrefois vous m'écoutiez... vous ne me

» traitiez pas si durement... je pouvais donc » penser que vous en aimiez un autre... puis- » que cela n'est pas, pourquoi donc me fuir... » me défendre de vous parler... Qu'ai-je donc » fait pour que vous m'ôtiez maintenant » toute espérance...

» — Monsieur Roger, cessez de me ques- » tionner, ce serait inutile, je ne dois pas » vous répondre... pour agir comme je le fais » j'ai des motifs graves... je vous le répète,

» toutes relations doivent cesser entre nous, » et ce serait me causer un vif chagrin que » de chercher à me parler encore! »

En achevant ces mots Marie gravit vivement l'escalier, laissant Roger consterné et désespéré.

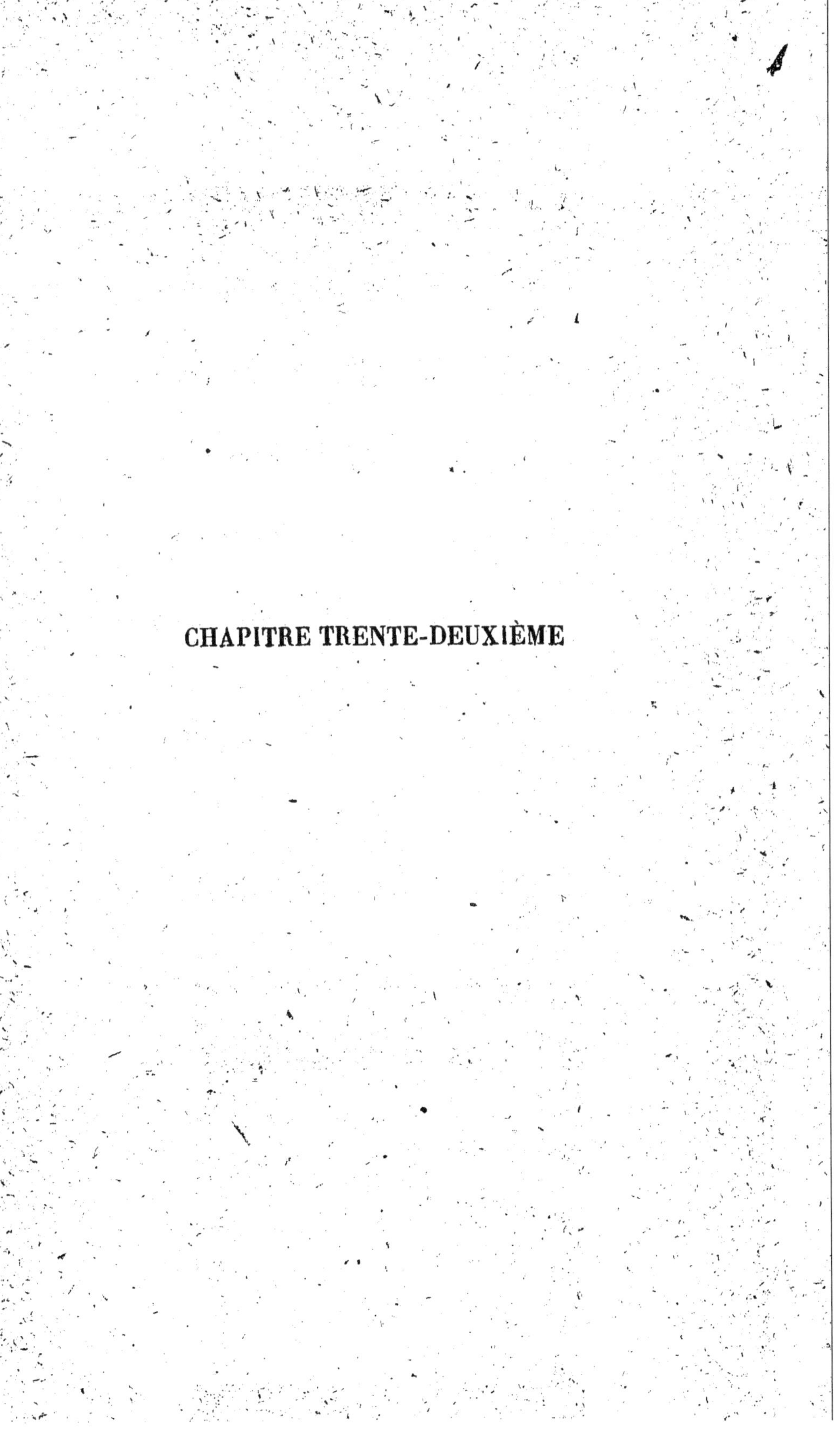

CHAPITRE TRENTE-DEUXIÈME

XXXII

Le bout du nez.

Madame de Beauvert était d'une humeur de dogue. Elle avait écrit à Roger qui ne lui avait pas répondu, et s'était borné à lui envoyer son portrait tout encadré, car il était bien décidé à ne plus y retoucher. Paola n'avait pas voulu recevoir le dessin, elle avait dit au commissionnaire :

« — Reportez ce portrait chez celui qui » vous envoie, je ne le trouve pas ressemblant » ainsi... Je veux qu'il y retouche, j'irai » poser. »

Mais Roger était aussi obstiné que cette

dame, et il avait dit de nouveau au commissionnaire :

« — Remporte ce portrait, je ne veux plus
» y toucher, si cette dame n'en est pas con-
» tente, cela m'est parfaitement égal, puis-
» que je ne le lui fais pas payer. Toi, je t'ai
» payé ta commission, ne t'avise pas de
» revenir encore chez moi avec le portrait, ou
» je te fais descendre mon escalier sur ton
» derrière. »

L'Auvergnat... c'était un Auvergnat, se l'est tenu pour dit. Il retourne offrir le portrait chez la belle dame, qui se met en fureur et lui dit :

« — Vous êtes un sot, une buse... un » animal ! Je vous ai dit de rendre ce portrait » à monsieur Roger, et vous me le rapportez » encore ! retournez bien vite chez ce mon» sieur... si vous revenez ici avec ce portrait, » je vous flanque une paire de claques ! »

L'Auvergnat redescend du premier en se disant :

« — Des claques d'ün côté, des coups de
» pieds d'un autre... cela n'est pas ten-
» tant ! »

Et, arrivé devant le concierge, il lui remet le portrait en lui disant :

« — Tenez, moussia le portier... voilà
» poûr vous, fichtra, c'est un cadeau que l'on

» vous fait, moi je suis paya... je m'en
» vas. »

Le concierge examine le pastel qui est fort bien venu ; il reconnaît la figure de sa locataire du premier et s'écrie :

» — Tiens ! madame de Beauvert me fait
» cadeau de son portrait ! c'est bien aimable
» de sa part ! je vais le placer juste en face
» de l'entrée de ma loge, de façon qu'il sera

» vu sur-le-champ par tous ceux qui viendront me parler. »

Le pastel de Paola est accroché dans la loge du concierge. Au bout de quelque temps c'est monsieur Bernouillet qui arrive et entr'ouvre la loge du concierge, en demandant si madame est chez elle.

« — Oui! oui!.. madame de Beauvert est » chez elle! » répond le concierge en souriant.

Puis il ajoute :

« — Elle est là-haut... et elle est ici !..
» èh ! èh !..

» — Comment, je ne comprends pas ! »
murmure l'entrepreneur.

« — Tenez, monsieur, regardez donc...
» là... en face, et vous comprendrez la plai-
» santerie. »

Monsieur Bernouillet lève les yeux, voit le portrait qui est très-ressemblant, et s'écrie :

« — Eh mais, c'est le portrait de madame
» de Beauvert que vous avez-là !

» — Oui, monsieur, c'est le portrait de
» madame du premier... il est bien ressem-
» blant, n'est-ce pas?

» — Il est frappant. Mais qu'est-ce que
» ce portrait fait donc dans votre loge !

» — Ce qu'il fait... mais monsieur il orne
» ma loge... c'est un cadeau que madame a
» bien voulu me faire... moi je n'aurais ja-

» mais osé le lui demander, mais elle me l'a
» envoyé ce matin par un commissionnaire,
» je l'ai accepté avec joie...

» — Madame de Beauvert vous a fait pré-
» sent de son portrait... mais ce n'est pas
» possible! et à quel propos?

» — Il n'y a pas de propos, monsieur, il
» n'y a pas eu le moindre petit propos. Ma-
» dame m'envoie son portrait... je l'accepte,
» ça va tout seul...

» — Par exemple c'est un peu fort, il faut » que j'éclaircisse cela ! »

Et monsieur Bernouillet monte l'escalier en se disant :

« — Comment ! depuis six mois je prie » Paola de me donner son portrait, elle me » remet sans cesse... et elle l'envoie à son » portier... c'est bien peu aimable de sa » part ! »

L'entrepreneur est arrivé chez sa maîtresse,

qui le reçoit avec son air boudeur habituel, mais cette fois, au lieu de chercher à la faire sourire, ce monsieur fait lui-même une mine assez maussade et s'écrie :

« — Pardieu, madame, il faut que je vous
» fasse mon compliment... Vous êtes devenue
» bien généreuse ! mais vous placez singu-
» lièrement vos dons !..

» — Qu'est-ce que c'est, monsieur, que
» voulez-vous dire... expliquez-vous mieux,

» je vous en prie, et surtout ne me faites pas
» languir... car je ne suis pas disposée à être
» agacée... j'ai mes nerfs, monsieur...

» — Si vous avez vos nerfs, madame,
» moi j'ai de l'humeur, et véritablement j'ai
» sujet d'en avoir !..

» — Encore une fois, au fait, monsieur,
» finissez-en... vous m'impatientez... vous
» m'excédez !..

» — Madame ! que signifie cette idée de

» faire cadeau de votre portrait à votre por-
» tier, au lieu de me le donner à moi qui
» vous le demande depuis si longtemps...

» — Qu'est-ce que vous dites... vous ra-
» dotez, monsieur, où vous êtes fou ! moi !
» j'ai donné mon portrait au portier !..

» — Pardieu, madame, il est dans sa
» loge... je viens de l'y voir à l'instant... il
» est très-ressemblant...

» — Mon portrait!.. vous avez vu mon » portrait chez le concierge...

» — Oui, madame, à l'instant même, il » dit que vous lui en avez fait cadeau.

» — Ah! les misérables... Léontine! » Léontine! »

Paola casse sa sonnette, enfin sa femme de chambre accourt, elle lui dit :

« — Monsieur assure que mon portrait » est chez le portier, qui prétend que je lui en

» ai fait cadeau... allez vite... qu'il n'y reste » pas une minute de plus. »

Léontine sort. Paola se promène dans la chambre avec agitation en s'écriant :

« — Mais ce commissionnaire est donc » un âne... un idiot... ou c'est Roger qui lui » aura dit de faire cela.

» — Je me doutais bien, ma belle amie, » qu'il y avait erreur ! » dit monsieur Ber-

nouillet en se frottant les mains, « mais cal-
» mez-vous, tout va se réparer.

» — Non, monsieur, je ne veux pas me
» calmer... je veux tirer vengeance de tout
» ceci... mon portrait chez le portier! mais
» c'est épouvantable cela! »

Mademoiselle Léontine remonte avec le portrait qu'elle présente à sa maîtresse :

« — Le voilà, madame, je l'ai décroché...
» j'ai manqué de me battre avec le portier,

» il ne voulait pas me le rendre, parce que
» cet imbécille de commissionnaire lui a dit
» que vous lui en faisiez cadeau.

» — Léontine! allez chercher cet homme,
» vous devez savoir ou il se place... amenez-
» le que je le rosse, que je le fasse périr sous
» le bâton!

» — Ah! madame, je ne crois pas qu'il
» voudra venir pour cela! d'ailleurs je ne le

» connais pas, moi, cet homme, j'ignore tout
» à fait où il se met...

» — Il faut le trouver, il ne sera pas dit
» qu'on se moquera de moi à ce point-là.

» — Ma belle amie, ne vous faites point
» de mal... la faute est réparée ! Voilà le portrait, vous allez me le donner, car je gage
» bien que c'est à moi que vous vouliez l'envoyer... je l'accepte avec reconnaissance...

» — A vous ce portrait! » s'écrie Paola

en retenant le cadre que monsieur Bernouillet saisissait déjà, « non, vous ne l'aurez pas, ni » vous, ni d'autres, ni personne... voilà le » cas que je fais de l'ouvrage de ce mon- » sieur. »

En disant cela, cette dame jette le portrait à ses pieds, puis se met à marcher, à trépigner dessus, elle ne le quitte qu'après l'avoir réduit en lambeaux. L'entrepreneur est stupéfait, mais il n'est pas content, et pendant que Paola, après avoir achevé la destruction de l'aquarelle va se jeter sur un divan, ce monsieur prend son chapeau et s'en va en disant :

« — Décidément, elle a par trop ses nerfs » aujourd'hui... je crois qu'il vaut mieux la » laisser se calmer toute seule. »

Au bout de cinq minutes, Paola redevenue plus calme, regarde autour d'elle, et ne voyant plus que les débris de son portrait, sonne Léontine qui accourt :

« — Eh bien ! où donc est monsieur Ber-
» nouillet ?

» — Il est parti, madame.

» — Parti, sans me rien dire... voilà qui
» est bien peu honnête !

» — Ce monsieur avait l'air très-fâché de
» ce que vous avez déchiré votre portrait au
» lieu de le lui donner.

» — Voyez-vous ça... vieil imbécile, ne
» fallait-il pas lui demander la permission...
» est-ce que j'ai jamais fait faire ce portrait
» pour lui... Oh ! il se défâchera, et il vien-
» dra me demander pardon à genoux...
» mais je le lui ferai payer cher...

» — Madame fera bien... avec les
» hommes il faut tenir son rang !

» — Donne-moi ma perruche, ma chère

» Cocotte, il n'y a qu'elle qui me désennuie,
» qui me fait oublier mes chagrins...

» — Oui, madame. »

Mademoiselle Léontine va au perchoir, mais la perruche semble avoir de l'humeur comme sa maîtresse, elle ne veut pas se laisser prendre et se borne à répéter :

« — Tu m'embêtes, tu m'embêtes !

» — Eh bien, Léontine... donne-moi donc
» Cocotte...

» — Elle ne veut pas venir avec moi...

» Oh ! mais nous allons voir, mademoiselle

» Cocotte. »

Enfin la femme de chambre a saisi l'oiseau et le porte à sa maîtresse, qui le reçoit sur sa main et lui tend sa figure en lui disant :

« — Allons, Cocotte, baisez vite cette

» maîtresse... qui vous aime tant...

La perruche se jette sur le nez de sa maîtresse dont elle empoigne le bout avec son bec. Paola pousse un cri.

« — Ah! Cocotte!.. tu me fais mal...
» veux-tu lâcher mon nez... Ah! quelle dou-
» leur!.. Léontine!.. Léontine!.. venez donc,
» cet oiseau me mord horriblement. »

La femme de chambre accourt, elle veut ôter l'oiseau, mais la maudite bête qui tient dans son bec fourchu un morceau du nez de sa maîtresse, ne veut pas lâcher prise. Paola pousse des cris affreux en répétant :

« — Otez-la... mais ôtez-la donc !.. »

Alors Léontine tire la perruche avec tant de force qu'elle l'arrache de sa position, mais mademoiselle Cocotte n'a pas lâché ce qu'elle tenait si bien, et elle emporte dans son bec un morceau du nez de sa belle maîtresse.

Le sang coule avec abondance de la blessure que l'oiseau vient de faire à Paola, celle-ci ne se doute pas encore cependant de la gravité de son mal, elle demande de l'eau fraîche, elle y baigne son nez, mais le sang coule toujours et elle souffre horriblement; enfin elle demande un miroir, elle veut voir en quel état est son nez, mais lorsque Léontine lui a présenté une glace, lorsqu'elle s'aperçoit qu'un grand morceau de chair manque sur cette partie si importante de son visage, elle pousse un cri et perd tout à fait connaissance.

Léontine a envoyé chercher un médecin, il ranime la blessée, et lui met un emplâtre sur le nez en lui promettant que cela guérira parfaitement.

« — Mais cela se verra-t-il, docteur? » demande Paola avec anxiété.

« — Ah! il n'y a pas de doute que vous
» conserverez une cicatrice...

» — Bien forte?

» — Je ne puis pas encore vous dire. Si
» nous avions eu le petit morceau de chair
» que la perruche vous a emporté, j'aurais
» essayé de le recoller, et il est bien probable
» qu'il aurait repris...

» — Eh bien... Léontine, pourquoi n'avez-
» vous pas donné ce morceau...

» — Vraiment, madame, c'eut été difficile,
» cet infernal oiseau l'a mangé, il l'a avalé
» comme un beefteack...

» — Calmez-vous, madame, et surtout ne
» touchez pas à votre blessure, demain je
» viendrai la panser. »

Le médecin est parti. Paola est désolée.
Léontine essaie de consoler sa maîtresse en lui disant :

« — Ne vous inquiétez pas, madame, en
» se guérissant les chairs se rapprocheront
» et céla ne se verra pas.

» — Et ce misérable oiseau... il n'est plus
» ici, j'espère.

» — Oh! il n'y a pas de danger. Je l'ai
» jeté par la fenêtre avec sa cage, il est tombé
» sur un omnibus, un patronet s'en est em-
» paré... il le fera empailler...

» — Léontine, tant que j'aurai cet em-
» plâtre sur le nez, je n'ai pas besoin de te
» dire que je ne reçois aucune visite!

» — Soyez tranquille, madame!.. per-
» sonne n'entrera, pas même monsieur Ber-
» nouillet, n'est-ce pas, madame?

» — Non, personne. »

Paola est obligée de garder le lit, car sa blessure lui donne de la fièvre. Le médecin vient le lendemain, il examine le bout du nez, hoche la tête et dit :

« — Ce sera plus long que je n'aurais » cru... cet oiseau vous a horriblement ar» rangé le nez...

» — Mon Dieu, docteur, est-ce que cela » ne guérira pas ?

» — Si fait... mais il s'établit une sup» puration... il faut que cela ait son cours...

» — Et la marque... sera-t-elle visible...

» — Il serait difficile qu'une marque au
» bout du nez ne fut pas visible... mais
» soyez tranquille, cela ne vous empêchera
» pas de vous moucher...

» — Mais serai-je défigurée.

» — Non, non... je ne le pense pas...
» mais on ne pourra bien juger que lorsque
» cela se cicatrisera, surtout n'ayez pas

» le malheur de toucher à votre emplâtre, » vous reculeriez votre guérison. »

Paola se résigne, elle ne demande même plus de miroir, car elle ne verrait que le bandeau qui soutient l'appareil posé sur sa blessure. Dix jours s'écoulent. Enfin le médecin déclare que cela va mieux et est en voie de guérison.

« — Puis-je regarder, » demande la malade.

« — Vous ne verrez encore qu'une
» énorme croûte qui sera fort longtemps
» avant de tomber. Dans huit jours nous
» ôterons l'appareil et vous pourrez vous re-
» garder tout à votre aise. »

Les huit jours se passent. Le médecin ôte tout ce qui posé était sur le nez, qui offre au bout une énorme croûte... à laquelle il défend bien à Paola de toucher. Celle-ci se regarde dans une glace, pousse un cri d'effroi en voyant ce qu'il y a au bout de son nez. Mais on lui assure que cela tombera et elle espère encore.

Comme elle s'ennuie beaucoup dans la solitude, elle permet à Léontine de laisser entrer les visiteurs. Elle reçoit les adorateurs de ses charmes, en tenant constamment son mouchoir sur son nez. On plaisante sur sa blessure, parce qu'on est persuadé qu'une fois la croûte tombée il n'y paraîtra plus. Monsieur Bernouillet seul, fait une singulière grimace lorsque sa belle maîtresse ôte son mouchoir et lui laisse voir son visage ; il s'écrie :

« — Diable ! mais si vous restiez comme » cela... ce serait fort laid !

» — Comme c'est bête ce que vous dites-» là, monsieur ! est-ce qu'une croûte ne finit

» pas toujours par tomber... Déjà celle-ci » me démange ! elle s'en ira bientôt.

» — Tant mieux... je reviendrai vous » voir quand vous ne l'aurez plus... Cela me » contrarie trop de vous trouver avec cela » au bout du nez. »

Plusieurs jours se passent encore; enfin, un matin en s'éveillant, Paola tâte son nez, sent que la croûte n'y est plus, elle s'est détachée pendant la nuit. Aussitôt elle tire sa sonnette et crie à Léontine qui accourt :

« — Ma croûte est tombée... un miroir
» Léontine... un miroir bien vite que je me
» revoie jolie comme autrefois ! »

La glace est apportée ; Paola se regarde, puis se frotte les yeux en disant :

« — Mon Dieu ! qu'est-ce que cela signi-
» fie... est-ce que j'y vois double à présent !
» il me semble que j'ai deux nez...

» — Deux nez! oh! non, madame, vous
» n'en avez toujours qu'un... seulement...
» au bout il y a une séparation... c'est ce
» qui fait...

» — C'est ce qui fait que j'ai l'air d'en
» avoir deux !.. mais c'est affreux cela...
» Voyez donc, Léontine, quelle singulière
» figure cela me fait... je ressemble à ces
» chiens qui ont le bout du nez partagé...
» ce sont les carlins, je crois...

» — Oh ! madame, rassurez-vous, cela
» se rapprochera... cela finira par se re-
» joindre...

» — Mais si cela ne se rapprochait pas...
» mais ma beauté est perdue alors...

» — Oh que non ! seulement cela donne
» à madame une physionomie... tout à fait
» farce !

» — Farce !.. j'ai l'air farce !.. ah !..

» malheureuse... et pas moyen de cacher
» cela!.. »

Paola est désespérée, plus elle se regarde, plus elle s'aperçoit que le changement survenu dans le bout de son nez change complétement sa physionomie. Elle se mouche à toute minute en se pinçant le nez, elle ne parvient qu'à le rendre plus rouge et à le faire enfler; mais le morceau de chair qui a été enlevé a laissé un vide qui ne se comblera jamais.

Monsieur Bernouillet revient voir sa maîtresse; il fait un bond en arrière en apercevant son double nez.

« — Est-ce que vous ne me trouvez plus » jolie, » lui demande Paola d'un air furibond.

« — Oh! si fait, pardonnez-moi... vous

» êtes encore bien... dans un autre genre...
» il faut s'y faire. Cela vous donne quelque
» chose de... je ne saurais vous dire...

» — Vous faites bien d'arriver, monsieur,
» car j'ai besoin d'argent... je n'ai plus le
» sou, ce médecin m'a ruinée... Donnez-moi
» bien vite cinq ou six mille francs...

» — Je ne les ai pas sur moi, » répond l'entrepreneur en fourrant ses doigts dans sa

tabatière. « Je vais rentrer chez moi... je vous
» apporterai cela tantôt. »

Et monsieur Bernouillet qui semble très-pressé de s'en aller, prend son chapeau et disparaît.

« — Cette vieille buse qui trouve que je
» suis moins jolie sans doute, » dit Paola,
« comme si je n'étais pas encore assez belle
» pour lui...

» — Hum !.. il est parti bien vite ! » murmure Léontine en hochant la tête, » j'ai » peur... j'ai bien peur. »

Dans le courant de la journée on attend en vain le retour de l'entrepreneur, et madame de Beauvert est sur le point d'envoyer chez lui, lorsqu'on lui apporte enfin une lettre de monsieur Bernouillet, qui au lieu de billets de banque ne contient que ces mots :

« Belle dame, vous avez trop souvent des
» attaques de nerfs, cela ne m'amuse pas,
» et puis votre nez a pris une forme qui n'est
» plus en rapport avec mes sentiments, trou-
» vez bon que toutes relations cessent entre
» nous.

» Votre ci-devant adorateur,

» Bernouillet. »

» — Le cuistre !.. le pleutre !... Ah ! je » suis enchantée d'être débarrassée de lui ! » s'écrie Paola en cherchant à dissimuler son dépit, « il y a longtemps que cet homme me » déplaisait, qu'il m'était insupportable ! je » n'aurai pas de peine à le remplacer, à » trouver beaucoup mieux que lui !..

» — Ce n'est pas sûr, » se dit Léontine en elle-même, « elle ne se doute pas combien

» son double bout de nez la rend cocasse et » vilaine!.. Voilà un galant qui s'envole, j'ai » bien peur que les autres ne voltigent plus » autour d'elle. »

Cependant madame de Beauvert se trouvait en effet sans argent, car ainsi que beaucoup de ses pareilles, elle n'avait aucun ordre et ne songeait qu'à dépenser, à briller, à s'a- muser, ne payant ses fournisseurs que lorsqu'elle ne pouvait pas faire autrement. Sa rupture inattendue avec monsieur Bernouillet l'oblige à recourir à ses cachemires pour se faire de l'argent.

Mais les beaux messieurs qui venaient aussi faire leur cour à Paola, avant le malheureux accident arrivé à son visage, deviennent de plus en plus rares depuis qu'ils ont vu son double nez. Bientôt le bel appartement de madame ne voit plus qu'elle et sa femme de chambre ; elle, qui se lamente, se dépite, se désole de se voir abandonnée, et mademoiselle Léontine qui se dit *in petto*, qu'elle fera bien de se chercher une autre place, parce que où il n'y a plus d'amoureux il n'y a plus de profits.

Le produit de deux cachemires a été bien vite dissipé. Pour ajouter aux embarras de

Paola, tous les fournisseurs auxquels elle doit de l'argent et qui ont appris qu'elle avait cessé d'être la femme à la mode, arrivent avec leurs mémoires et veulent être payés sans retard. C'est le tapissier, la modiste, la couturière, le coiffeur, le gantier, le parfumeur!.. il en arrive à chaque instant de nouveaux ; de son côté le propriétaire réclame deux termes arriérés, qu'il n'aurait jamais songé à demander tant que sa locataire ne sortait qu'en voiture. La pauvre Paola ne sait plus auquel entendre, déjà on la menace, on l'accable de papier timbré; elle est obligée de vendre son riche mobilier et presque tous ses bijoux pour payer ce qu'elle doit. Puis elle cherche un petit logement bien simple, bien modeste, pour s'y retirer avec le peu de meubles qu'elle a pu conserver.

C'est dans le haut du faubourg Saint-Martin, que cette femme jadis si élégante, si belle, est obligée d'aller demeurer. C'est au quatrième dans une maison dont les escaliers n'ont jamais été cirés, qu'elle a loué deux petites pièces et un cabinet, et qu'elle va habiter seule, n'ayant plus personne pour la recevoir, car mademoiselle Léontine a depuis longtemps quitté son service.

Pour comble de disgrâce, Paola se sent atteinte de douleurs à la poitrine qui ne sont que la suite naturelle des nombreuses contrariétés, des malheurs qui lui sont survenus, et de son changement de fortune qui l'oblige à un changement de régime total et peu analogue à ses goûts.

Voilà pourtant où l'avait réduite le coup de bec de l'aimable Cocotte ! mais nous savons depuis longtemps que les plus graves événements proviennent souvent des plus petites causes.

Confiez donc encore votre visage à une perruche !.. s'il vous en arrivait autant, parole d'honneur, je ne voùs plaindrais pas.

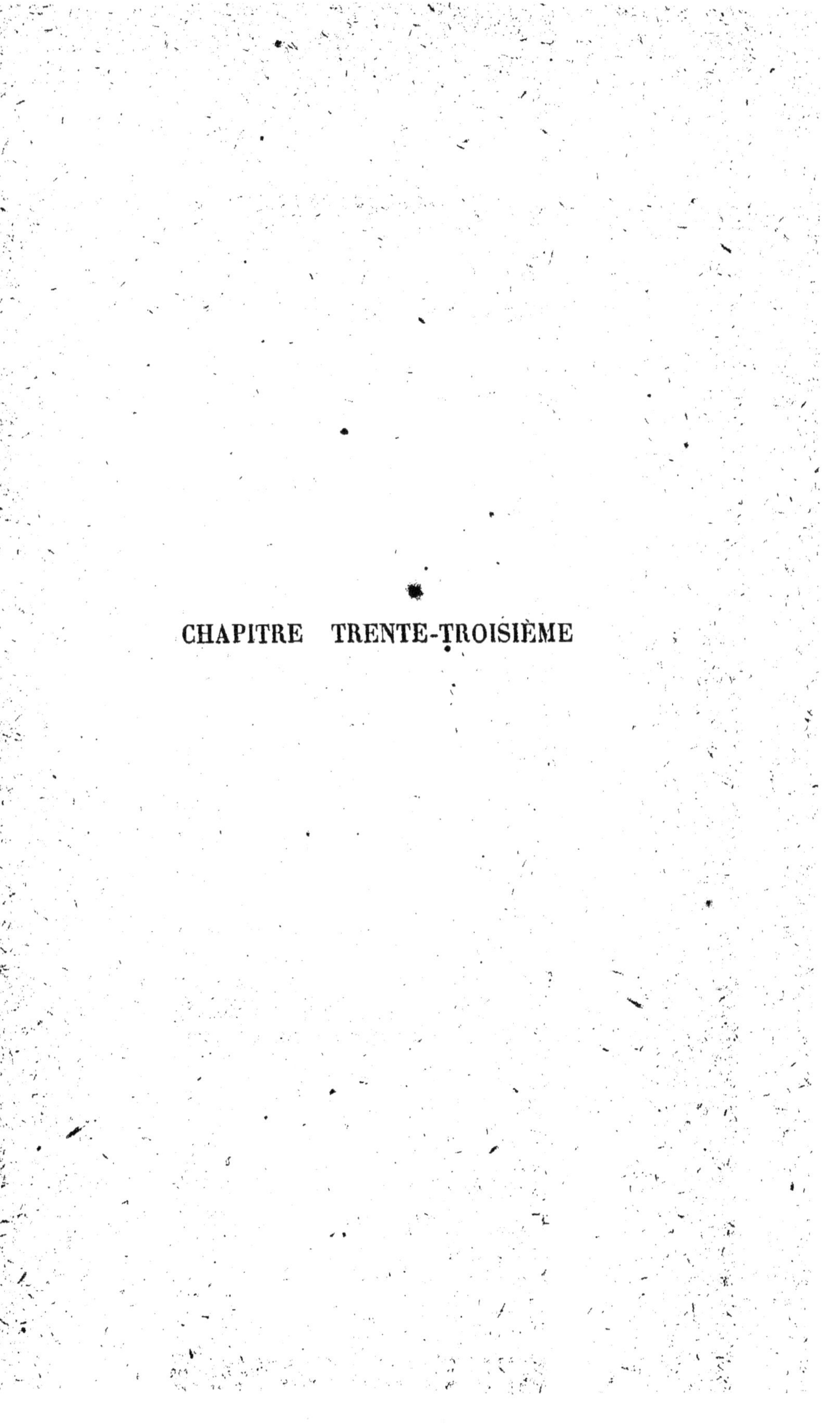

CHAPITRE TRENTE-TROISIÈME

XXXIII

Ce que fait Marie.

Trois mois se sont écoulés, Marie les a passés bien tristement, car dans le fond de son âme est toujours l'image de Roger, elle ne peut l'effacer de son souvenir; mais fidèle à la promesse qu'elle a faite à celle qui ne veut pas lui permettre de l'appeler sa mère, elle a évité avec soin toute rencontre avec le jeune artiste, et lorsque plus d'une fois, elle l'a aperçu rôdant auprès du magasin de la lingère et quelquefois s'arrêtant bien longtemps dans la rue, dans l'espoir qu'elle sortirait, elle a détourné ses yeux et n'a point quitté sa place, trompant ainsi l'espérance de celui qui cherche toujours à lui parler.

Un matin, les trois demoiselles de magasin étaient entrain de s'habiller dans leur chambre commune, lorsqu'on entendit le cri d'un perroquet qu'un nouveau locataire avait apporté dans la maison. Aussitôt la grosse Tontaine s'écrie :

« — Je ne puis plus entendre le cri de

» ces animaux-là, j'en ai une peur horrible » depuis que je sais ce qui est arrivé à une » dame avec sa perruche.

» — Qu'est-il arrivé à cette dame ? » demande Thélénie.

« — Sa perruche lui a mordu le bout du » nez, lui en a emporté un morceau, au point » qu'elle est défigurée !... et une femme qui » était si belle ! que tous les hommes cou-

» raient après elle... mais vous en avez en-
» tendu parler... la Beauvert... la ravissante
» Beauvert! c'est comme cela qu'on en
» parlait...

» — Qu'est-ceque tu dis?.. c'est madame
» de Beauvert... la maîtresse de Roger qui
» est défigurée! » dit Thélénie en poussant
un cri de joie. « Ah! que c'est bien fait, ah
» que j'en suis enchantée! elle n'enlevera

» plus les amoureux aux autres... Ah ! je suis
» contente... »

Et Thélénie se met à danser dans la chambre, mais Marie qui est devenue très-pâle, en apprenant cette nouvelle, s'écrie :

« — Ce n'est pas bien, Thélénie, de se
» réjouir du mal qui arrive aux autres. Vous
» n'êtes cependant pas méchante au fond...

» — Tant pis... pourquoi cette chipie-là

» est-elle venue me narguer dans mon ma-
» gasin ! je n'allais pas la chercher moi.

» — Tontaine, comment sais-tu tout
» cela ? qui t'a appris cet événement ?...

» — C'est mademoiselle Léontine, l'an-
» cienne femme de chambre de madame de
» Beauvert qui est venue hier acheter des
» fleurs au magasin... une couronne pour
» aller au bal... avec un jeune homme qui

» va peut-être l'épouser, parce qu'il aura » peut-être un emploi dans un théâtre qu'on » a envie de bâtir.

» — Arrive donc à l'accident de cette » dame...

» — Eh bien, elle m'a dit : « Je ne suis » plus chez madame de Beauvert, elle n'avait » plus le moyen de me garder... au lieu » d'avoir plusieurs domestiques, je ne sais

» pas même si elle pourra maintenant se
» donner une femme de ménage...

» — O mon Dieu! elle a donc été volée, »
s'écrie Marie.

« — Pas du tout, mais depuis que sa
» perruche lui a emporté une partie du nez,
» tous les galants ont disparu... et son riche
» entreteneur tout le premier... ces dames-là
» ont rarement l'esprit d'amasser, de mettre

» de côté... celle-ci n'avait que des dettes...

» Quand ils ont su qu'elle avait perdu sa » beauté, tous les créanciers sont accourus » comme une volée de pierrots... ils ont tout » fait vendre... les meubles, les tableaux...

» — Oh! mais c'est affreux cela! Pauvre » femme!...

» — Pauvre femme? est-elle bête de la » plaindre cette Marie... Pauvre femme! elle

» n'avait qu'à ne point faire tant d'embarras,
» tant de poussière... ce n'est pas moi qui
» m'apitoyerais sur son sort...

» — Et y a-t-il longtemps que tout cela
» est arrivé ?

» — Mais dame, mamzelle Léontine m'a
» dit : il y a plus de trois mois que je ne suis
» plus chez madame de Beauvert !

» — Alors cette dame a sans doute chan-
» gé de demeure ?

» — Probablement, mais je n'en sais pas » davantage.

» — Tant mieux ! c'est bien fait ! je suis » contente ! » s'écrie Thélénie, en sortant, et bientôt la grosse Tontaine part aussi en disant :

« — Ah ! les perroquets ! le plus souvent » que j'en approcherai... Je ne leur confierais » pas ma pantouffle... »

Marie est restée quelques instants absorbée dans ses réflexions, mais bientôt elle achève à la hâte sa toilette, met un châle, qu'elle ne prend pas ordinairement pour descendre à son magasin et sortant par la porte cochère, ne regarde pas dans la boutique de sa lingère et se met en route pour la rue de Navarin, en se disant :

« — Elle ne demeure plus là, mais là ou

» doit connaître sa nouvelle adresse et je » m'y rendrai sur-le-champ. »

La jeune fille courait plutôt qu'elle ne marchait, elle arrive à l'ancienne demeure de sa mère et s'adresse au concierge :

« — Madame de Beauvert...

» — Nous n'avons plus cela dans la mai» son ! » répond le portier d'un air impertinent, « il y a longtemps que nous sommes

» débarrassés de ce monde-là... on a tout
» vendu chez elle! Elle aurait aussi bien fait
» de me laisser son portrait qu'elle m'avait
» donné et qu'elle m'a repris... je ne sais
» pas pourquoi... un caprice, une idée qui
» lui sera passée par la tête... Ces femmes-
» là, est-ce que ça sait ce que ça veut...

» — Mais où demeure-t-elle maintenant,
» cette dame, » reprend Marie qui ne comprend rien au bavardage du portier.

« — Vous voulez savoir son adresse...
» Ah! je vois ce que c'est! elle vous doit de
» l'argent... vous arrivez bien tard pour
» être payée...

» — Non monsieur, cette dame ne me
» doit rien...

» — C'est étonnant, car elle devait à
» tout le monde.

» — Son adresse, s'il vous plaît...

» — Attendez, je crois que je l'ai là sur » un bout de carte... si je ne l'ai pas perdue » cependant... car ça n'était pas bien utile, » vous êtes la première personne qui soit » venue la demander... Dis donc... eh petit, » il y avait une carte par là... dans le » coin... »

» — Le valet de trèfle ?

» — Je ne sais pas si c'était le valet de

» trèfle ou de pique... Où est-elle cette
» carte ?

» — J'ai fait un capucin avec.

» — Comment, polisson, sans ma per-
» mission !...

» — Tu disais toujours : c'est bon à
» jeter, ça...

» — Mais ce capucin, dit Marie, l'avez-
» vous encore ?

» — Ah ! oui... le v'là...

» — Ah ! de grâce, donnez-le moi. »

Le fils du concierge ne se décide qu'avec peine à se dessaisir de son capucin ; enfin Marie a la carte, elle peut y lire la nouvelle adresse de sa mère, et elle se met sur-le-champ en route pour le faubourg Saint-Martin.

C'était dans le haut du faubourg, passé la

rue des Récollets, que cette femme qui, quelques mois auparavant donnait les modes à Paris, avait été obligée d'aller se loger. Ce quartier populaire et populeux offrait un grand contraste avec la rue de Navarin.

Marie s'arrête au numéro indiqué ; elle entre dans une espèce d'allée, trouve avec peine une loge de portier où il fait noir en plein midi, et demande : madame de Beauvert.

« — Madame de Beauvert... nous n'a-
» vons pas ça, » répond une portière anssi noire que sa loge. Puis elle ajoute la question inévitable :

« — Qu'est-ce qu'elle fait, cette femme-
» là ?...

» — Mais elle ne fait rien... c'est une
» dame qui a été riche... qui ne l'est plus...
» elle doit être venue habiter ici il y a un
» peu plus de trois mois...

» — Ah! attendez donc! est-ce une dame
» qui a le bout du nez fendu!

» — Oui, justement.

» — Ah! fallait donc dire cela tout de
» suite! c'est madame Paola alors, et pas
» Beauvert comme vous disiez...

» — Paola, oui, elle se nomme aussi
» comme cela... vous la connaissez?

» — Pardi! c'est moi qui lui fais son

» ménage... Ah ! à présent je me souviens en » effet, quand elle est entrée ici, elle nous a » dit : J'ai aussi un autre nom... C'était ce» lui que vous disiez... Ma foi, je l'avais » oublié...

» — A quel étage demeure-t-elle, s'il » vous plaît ?

» — A c't'heure c'est au cinquième... Je » dis à c't'heure, parce que au terme dernier

» elle logeait encore au quatrième... mais
» dame, trois cents francs, c'était trop cher
» pour sa bourse, et depuis huit jours elle
» est montée au cinquième... une chambre
» et un cabinet... c'est pas grand, mais aussi
» ça ne coûte que cent quatre-vingts francs..

» — Cette dame est-elle chez elle mainte-
» nant ?

» — Oui, oui, oh ! elle ne sort guère

» surtout depuis quinze jours qu'elle est
» malade... un rhume... une fièvre... Oh!..
» elle a une fichue mine... »

Marie n'en entend pas davantage, elle monte rapidement l'escalier.

CHAPITRE TRENTE-TROISIÈME

(Suite.)

XXXIII

Trois mois avaient suffi pour mettre Paola dans une position voisine de la misère. Elle avait d'abord vécu du produit de quelques bijoux ; puis il lui avait fallu avoir recours à ses robes, à son linge. L'habitude de satisfaire toutes ses fantaisies, lui avait ôté toute idée d'économie ; au lieu de ménager le peu qui lui restait, elle le dépensait encore comme au temps où elle donnait les modes, mais lorsqu'il lui fallut payer le terme de son nouveau logement, ce qui lui restait d'argent y passa, et en faisant la revue de ses effets, elle s'aperçut que bientôt elle n'aurait plus rien à vendre. Alors le découragement s'empara dc cette femme qui ne se sentait plus capable de chercher des ressources dans le travail, alors elle quitta son petit logement du quatrième pour prendre la modeste chambre située au-dessus, et là, en proie à une fièvre lente, causée par l'ennui, l'inquiétude et les chagrins, elle passait ses journées à demi-couchée sur une assez jolie causeuse qu'elle avait fait racheter lors de la vente de ses meubles, c'était tout ce qui lui restait de son ancienne opulence, et elle prévoyait avec douleur, qu'avant peu il lui faudrait encore se séparer de ce dernier témoin de ses beaux jours.

Marie est arrivée au cinquième, une clef est sur la porte qu'on lui a indiquée, elle frappe légèrement, on ne lui répond pas, elle entre et se trouve dans le nouveau logement occupé par sa mère ; son cœur se serre à l'aspect de cette chambre à peine meublée, car elle se souvient de l'élégance, de la richesse du bel appartement dans lequel habitait sa mère la dernière fois qu'elle s'est rendue chez elle.

Paola, étendue sur sa causeuse a entendu ouvrir sa porte.

« — Qui est là? » demande-t-elle sans retourner la tête. « Est-ce vous, madame » Lebas... vous venez savoir ce que je veux » pour mon dîner... mais je n'ai pas faim...

» — Ce n'est pas madame Lebas... c'est » moi... » répond doucement Marie.

« — Vous... qui... vous ?...

» — Marie...

» — Marie !... »

Et Paola se soulevant à demi, considère la jeune fille qui, debout devant elle, la regardait avec des yeux pleins de larmes, mais dans lesquels respirait toute sa tendresse filiale.

« — Comment, c'est vous Marie ! » dit enfin Paola d'un air surpris, « et par quel » hasard... Comment avez-vous su que j'étais » ici.

» — Une de mes amies a rencontré votre » ancienne femme de chambre qui lui a ra- » conté ce malheur qui vous est arrivé.

» — Ah! cet affreux accident... qui m'a » défigurée... car je suis bien changée, bien » laide à présent, n'est-ce pas ?

» — Oh non, madame, je ne vous trouve- » rai jamais laide, moi. »

La figure de Paola devient moins sombre, elle reprend :

« — Vous avez appris tous mes chagrins,
» on m'a abandonnée... on m'a fui... Ce
» monsieur Bernouillet... qui m'avait promis
» des rentes... Ah! les hommes sont des in-
» grats... Malheureusement j'avais fait des
» dettes... qui est-ce qui n'en fait pas! d'ail-
» leurs est-ce que je pouvais deviner ce qui
» est arrivé!... Tous ces maudits créanciers
» sont tombés sur moi... J'ai été obligée de

» tout vendre... vous le voyez... cette jolie
» causeuse est le seul meuble qui me reste...
» et avant peu il me faudra m'en défaire...
» Ah ! c'est affreux la misère... Tenez, j'ai-
» merais mieux être morte... mais heureuse-
» ment, je crois bien que je n'irai pas
» loin !...

» — Ah ! madame, par pitié, ne dites pas
» cela, » s'écrie Marie en prenant une main

de sa mère qu'elle couvre de baisers et de larmes. « Vous, mourir! oh! je ne le veux
» pas... Oh! ne craignez plus la misère, ne
» craignez plus de manquer de quelque chose,
» est-ce que je ne suis pas là, moi, est-ce que
» ce n'est pas mon devoir de vous soigner,
» de veiller sur vous, de travailler pour que
» vous ayez tout ce dont vous avez besoin...
» — Votre devoir, murmure tristement

Paola, « mais... c'était le mien aussi de
» prendre soin de vous... et ce devoir, puis-
» que je ne l'ai pas rempli, je n'ai pas le
» droit de rien exiger de vous !

» — Ah ! madame, vous ne devez pas vous
» accuser... est-ce que j'ai jamais manqué
» de rien, est-ce que je n'ai point passé une
» jeunesse heureuse et tranquille. On m'a
» appris à travailler... n'est-ce pas la meil-

» leure éducation que l'on pouvait me donner, » et j'en suis fière maintenant, puisque cela » me mettra à même de vous servir, de vous » prouver mon dévouement, de vous être » utile... Ah ! ce n'est pas seulement un de- » voir que je remplirai ! ce sera pour moi un » plaisir, un bonheur, si je puis ainsi » vous prouver mon amour. »

Paola regarde Marie et, pour la première

fois peut-être, elle porte avec joie les yeux sur sa fille, puis elle lui dit :

« — Merci... merci Marie... vous êtes
» bonne... vous vous intéressez à moi... qui
» ne vous ai guère témoigné d'intérêt lorsque
» j'aurais dû le faire... Ah! si j'ai été cou-
» pable, je suis punie... car c'est triste ! bien
» triste de se voir constamment seule dans une
» misérable chambre ! après avoir vécu dans

» le monde, dans l'abondance et au milieu
» de plaisirs sans cesse renaissants.

» — Oh! mais tranquillisez-vous, ma-
» dame, désormais vous ne serez plus seule!
» car je serai là, moi, toujours auprès de
» vous... si vous me le permettez, je ne vous
» quitterai plus et c'est moi qui serai bien
» heureuse alors....

» — Comment, Marie, vous consentiriez
» à rester avec moi dans ce triste réduit?

» — Consentir... oh! mais je vous de-
» mande comme une grâce de me le per-
» mettre... je serai si contente de ne plus
» vous quitter...

» — Pauvre Marie!... mais cela ne se
» peut pas... vous êtes chez une lingère,
» vous perdriez votre place.

» — Ma place est près de vous, madame,
» du moment que vous avez besoin de moi.

» D'ailleurs, au lieu de travailler dans le
» magasin de ma lingère, je travaillerai ici,
» voilà tout. Oh ! je suis bien sûre que je ne
» manquerai pas d'ouvrage... dites-moi seu-
» lement que vous consentez à ce que je
» vienne demeurer avec vous... tant que je
» vous serai utile... Eh bien, si quelque jour
» votre position change, si vous redevenez
» riche... heureuse,.. alors vous me renver-

» rez... Je m'en irai... et je ne me plaindrai
» pas... Oh ! je ne me plaindrai jamais...

» — Ah ! Marie, c'est bien, ce que vous
» me dites-là, mais je ne sais si je dois ac-
» cepter votre dévouement... vous serez si
» mal ici... voyez donc, je n'ai que cette
» chambre, et un cabinet... là... à côté...

» — Oh ! c'est bien suffisant... ce cabi-
» net... il est bien assez grand pour y

» mettre ma couchette. , je n'ai que cela de
» meubles à moi ; je vais retourner bien vite
» prévenir ma lingère, et faire apporter ici
» tous mes effets... cela ne tiendra pas beau-
» coup de place... et puis je reviens m'ins-
» taller près de vous... Oh ! j'ai aussi mes
» petites économies... près de deux cents
» francs que j'ai amassés... ils sont pour
» vous... désirez-vous que je vous achète

» quelque chose... dites... vous voyez bien
» qu'il ne faut plus vous priver de rien...

» — Merci, Marie... plus je vous vois
» bonne, plus je me repens d'avoir été si in-
» différente avec vous...

» — Ne dites plus cela... maintenant
» vous m'aimez un peu... n'est-ce pas?...
» Au revoir .. Je vais courir... me dépêcher,
» oh! vous me reverrez bientôt... »

Marie est partie le cœur content, légère comme un oiseau, parce qu'elle pense qu'elle va vivre près de sa mère et qu'elle pourra nuit et jour veiller sur elle, lui prodiguer ses soins. Elle arrive chez sa lingère, qui était fort surprise de son absence, mais qui l'est bien plus encore lorsque la jeune fille lui apprend qu'elle est obligée de la quitter.

« — Vous voulez me quitter, mademoi-

» selle ? » dit la dame dont la physionomie est devenue sévère, « et pour quel motif vou-
» lez-vous sortir d'ici ?

» — Madame... c'est pour aller demeurer
» avec une personne qui est malade et qui a
» besoin de moi...

» — Une personne qui a besoin de vous ! » murmure la lingère en hochant la tête d'un air de doute.

» — Mais vous m'avez dit que vous n'a-
» viez point de parents... pour qui donc aban-
» donnez-vous ainsi votre position... J'avais
» des égards, de l'amitié pour vous... vous
» étiez fort bien vue ici... et vous voulez me
» quitter... cela ne se comprend pas... »

La pauvre Marie n'osait pas dire que c'était pour aller soigner sa mère, car elle se souvenait toujours que celle-ci lui avait défendu de se dire sa fille. Elle balbutie :

« — Madame, il ne faut pas m'en vou-
» loir... Je suis bien reconnaissante des bon-
» tés que vous avez eues pour moi... mais il
» faut que je vous quitte...

» — Et quand comptez-vous accomplir
» ce beau projet, mademoiselle ?

» — Tout de suite, madame, je vais
» prendre mes effets et m'en aller...

» — Ah ! c'est trop fort... sans même me

» donner le temps de chercher quelqu'un pour
» vous remplacer... et c'est ainsi que ma-
» demoiselle est reconnaissante de mes bon-
» tés !... Eh bien, partez, mademoiselle...
» mais ne remettez plus les pieds ici, n'es-
» pérez pas y jamais rentrer surtout...

» — Je croyais que madame voudrait
» bien me confier de l'ouvrage.

» — Moi ! vous donner de l'ouvrage ?...

» Oh! ne l'espérez pas... Je n'emploierai
» jamais quelqu'un qui se conduit comme
» vous le faites en ce moment... voici l'ar-
» gent qui vous revient... Adieu mademoi-
» moiselle... vous pouvez partir... »

La lingère a jeté quelques pièces de cinq francs sur le comptoir, puis elle tourne le dos à Marie, qui prend son argent et monte à la hâte dans sa chambre, faire ses apprêts pour partir en se disant :

« — Madame est fâchée, ce n'est pas ma
» faute. Ma mère est seule et souffrante, je
» ne devais pas reculer le moment de me
» rendre près d'elle. Si on ne me donne pas
» d'ouvrage ici j'en trouverai ailleurs... car
» je sais bien travailler et tout le monde ne
» sera pas en colère contre moi... »

Trois heures plus tard Marie était installée chez sa mère; son petit lit était dressé dans le cabinet dans lequel elle avait encore trouvé moyen de placer sa malle; puis elle s'occupait à tout ranger, à tout approprier dans la chambre, car la portière n'avait fait l'ouvrage qu'en gros, et Paola n'avait jamais eu le courage de se livrer à aucune besogne.

On était aux derniers jours d'octobre, et déjà le froid se faisait sentir. Jusqu'alors Paola s'était privée de feu, mais Marie s'empresse de faire venir du bois, et bientôt la flamme qui pétille dans la cheminée ranime la malade et donne à la chambre qu'elle habite un air de gaîté, de vie qu'elle n'avait plus depuis longtemps.

Puis la jeune fille s'occupe du dîner. Paola se faisait apporter à manger de chez un petit gargotier du quartier. Cela revenait cher et cela était mauvais...

« — Désormais, » dit Marie, « je ferai » la cuisine, je mettrai le pot au feu, je le

» soignerai tout en travaillant; vous aurez
» du bon bouillon qui vous fera du bien et
» vous dépenserez moins d'argent... »

Paola écoutait Marie avec surprise ; elle la regardait aller et venir dans la chambre, rangeant, nettoyant avec soin. Déjà grâce à la jeune fille, le logement avait pris un tout autre aspect; et cette femme qui, au sein de l'opulence, avait perdu toute habitude du travail, ne concevait pas que Marie pût faire tant de choses sans se plaindre, sans avoir l'air d'être fatiguée.

Dans la soirée, Marie visite le linge, les effets de sa mère et s'occupe à raccommoder, à remettre en état bien des choses que Paola avait jetées de côté pour ne pas y faire un point ou une reprise.

La soirée se passe ainsi. Paola se met au lit, moins triste, moins inquiète sur son avenir ; Marie lui demande alors si elle n'a plus besoin de rien et la supplie de l'appeler dans la nuit, si elle désire quelque chose. Puis elle va regagner son cabinet après avoir tendrement pressé la main de sa mère, lorsque celle-ci la rappelle en lui disant :

« — Ne voulez-vous pas m'embrasser, ma » fille ?... »

Ce doux mot : Ma fille ! qu'elle s'entendait adresser pour la première fois, cause à Marie une sensation si vive, si ravissante, qu'elle demeure un moment comme saisie, comme étourdie par son bonheur, mais bientôt elle court au lit de Paola, elle la presse dans ses bras, la couvre de baisers en l'appelant mille fois sa mère et ne la quitte qu'en répétant :

« — Bonsoir, ma mère... Ah ! je suis bien » heureuse ! Ah ! ce jour est le plus beau de » ma vie... »

Le lendemain de bon matin, Marie se lève,

et après avoir tout préparé pour le déjeuner, sort en se disant :

« — Allons demander de l'ouvrage... je » dirai à ma mère que ma lingère m'en four- » nit toujours... Rendons-nous chez celles » où je suis allée quelquefois en commission, » elles me connaissent, elles ne me refuseront » pas... »

Marie parvient en effet à obtenir de l'ou- vrage chez une lingère, mais elle est toute-

surprise du peu qu'on doit le lui payer. Cependant elle accepte ce qu'on lui donne et se hâte de retourner près de sa mère en se disant :

« — Je ne lui dirai pas que je vais gagner
» si peu, car cela l'inquiéterait pour notre
» existence, mais en travaillant quelques
» heures de plus le matin et le soir, je sau-
» rai bien faire en sorte qu'elle ne manque de
» rien... »

Paola qui voit Marie revenir avec de l'ouvrage, est persuadée que sa lingère l'emploie toujours, et, fort ignorante de ce que peut gagner une femme avec le travail à l'aiguille, elle ne s'inquiète plus de leurs moyens d'existence futurs; et laisse sa fille prévenir tous ses désirs, satisfaire ses moindres fantaisies, sans songer que tout ce qu'elle dépense d'inutile coûte à Marie plusieurs heures de travail et souvent de sommeil.

L'hiver qui arrive nécessite de nouvelles dépenses, il faut du bois pour se chauffer, il faut de l'huile pour veiller et travailler tard. Paola ne sort presque plus depuis l'accident qui l'a enlaidie, et lorsque par hasard elle quitte sa chambre, c'est toujours avec un grand voile par-dessus son chapeau, mais le chagrin qu'elle éprouve de ne plus être jolie, est un mal dont elle ne peut guérir et que tous les soins de sa fille ne peuvent parvenir à dissiper.

Bientôt elle se sent atteinte d'une toux plus violente, et elle ne quitte plus le coin de son feu ; la pauvre Marie travaille avec plus d'ardeur que jamais afin de pouvoir acheter du bois, indispensable pour sa mère ; depuis longtemps ses petites économies sont épuisées, car la malade a eu bien des fantaisies que sa fille a voulu contenter. Mais Marie ne se plaint pas, bien loin de là, elle se trouve heureuse maintenant qu'elle peut appeler Paola sa mère et que celle-ci lui donne le doux nom de fille.

Une seule crainte vient quelquefois assaillir Marie : si l'ouvrage venait à lui manquer. Cette pensée lui donne un serrement de cœur, mais elle l'écarte bien vite comme un mauvais rêve en se disant :

« — Le ciel ne permettra pas que je man-
» que d'ouvrage, puisque ma mère n'a plus
» que moi pour soutien... »

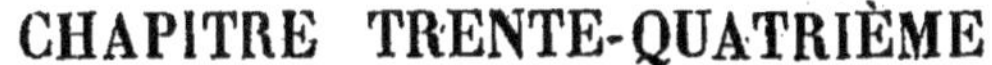

CHAPITRE TRENTE-QUATRIÈME

XXXIV

Le gâteau des rois.

Thélénie et Tontaine avaient été bien surprises, lorsqu'un matin en s'éveillant de fort bonne heure, elles s'aperçurent que leur compagne de chambre, Marie, n'était pas avec elles. Puis en regardant mieux elles voient ce qu'elles n'avaient pu remarquer la veille, parce que souvent ces demoiselles se couchaient sans lumière, que la couchette de Marie avait été enlevée, ainsi que sa malle et plusieurs petits bibelots lui appartenant et qui étaient habituellement placés sur la cheminée.

« — Quoi! Marie est partie ? » dit Thé-

lénie, « partie... sans même nous dire
» adieu !...

» — C'est bien singulier cela... qu'est-ce
» que cela veut donc dire... est-ce que sa
» lingère l'aurait remerciée ?

» — Oh ! ce n'est pas probable ! et puis
» elle lui aurait toujours donné le temps de
» chercher une autre place... Tontaine,
» puisque tu es habillée, toi, descends donc
» t'informer chez la lingère, ou chez le por-

» tier... enfin demande à quelqu'un... il faut
» absolument que nous sachions ce qui est
» arrivé à Marie... ce qu'elle est deve-
» nue... »

La grosse fleuriste descend; au bout de dix minutes elle remonte, et dit à Thélénie :

« — Je sais tout... Je viens de voir la chi-
» pie qui est chez la lingère et qui était la
» camarade de Marie. Elle m'a conté ce qui

» s'est passé... C'est bien extraordinaire...

» C'est à ne pas le croire !...

» — Si tu me le disais un peu, je verrais

» si je dois le croire...

» — Marie, qui était sortie hier de très-

» bon matin et sans en demander la permis-

» sion à sa lingère, est arrivée au magasin

» sur les midi pour dire à sa patronne qu'elle

» la quittait, qu'elle ne pouvait plus rester

» avec elle... Juge de l'étonnement de la lin-

» gère qui lui demande pour quels motifs
» elle veut sortir de chez elle... Marie n'en
» donne aucun... elle avoue qu'elle n'a pas la
» moindre plainte à faire... elle remercie
» cette dame de ses bontés, de l'amitié qu'elle
» lui a toujours témoignée, assure qu'elle en
» est très-reconnaissante, puis finit en di-
» sant qu'elle veut s'en aller tout de suite...

» — Tout de suite?... sans donner le

» temps de chercher quelqu'un pour la rem-
» placer ?...

» — Oui, sans accorder le moindre délai.
» Juge de la colère de sa patronne, qui lui a
» jeté au nez l'argent qu'elle lui devait, en
» lui disant : Eh ! bien, mademoiselle, allez-
» vous-en, fichez-moi le camp, mais surtout ne
» remettez jamais les pieds ici... ne vous y
» présentez pas pour demander de l'ouvrage,
» vous n'en aurez jamais... Et là-dessus ma

» lingère lui a tourné le dos et Marie est
» remontée ici, d'où elle a emporté ce
» qui était à elle à l'aide d'un commission-
» naire et elle est partie...

» — Sans dire où elle allait ?...

» — Sans rien dire, et le concierge ne
» connaît même pas le commissionnaire qui
» portait sur son dos son lit et sa malle.

» — C'est bien singulier de la part de

» Marie, qui ne sortait jamais, qui ne cau-
» sait avec personne...

» — Il faut cependant bien qu'elle con-
» naisse quelqu'un, elle ne serait pas partie
» comme cela pour n'aller chez personne...

» — Tiens, vois-tu, Tontaine, il ne faut pas
» se fier à ces petits airs pincés qui font tant
» les farouches. Marie aura fait la connais-
» sance d'un monsieur riche qui l'aura mise
» dans ses meubles... Voilà le fin mot...

» — C'est possible... elle s'est joliment » cachée de nous alors ! c'est égal, je désire » qu'elle soit heureuse, car elle était bien » douce, bien obligeante... elle ne se moquait » de personne...

» — Ah ! moi aussi, je ne lui en veux pas, » au contraire... seulement, quand on a des » amies comme nous, on leur conte ses af- » faires... Moi je dis tout ce qui m'arrive... » Mais Marie ne causait pas assez... »

Quelques mois plus tard, on était dans les commencements de janvier. Après les fêtes du jour de l'an arrive presqu'aussitôt celle des Rois. Les demoiselles de magasin que nous connaissons s'étaient depuis longtemps promis de se réunir ce soir-là et de tirer entre elles le gâteau des rois...

La grande Fanfinette, qui était dans un magasin de modes de la rue Saint-Honoré, occupait provisoirement une fort belle chambre que lui avait offerte un jeune musicien, obligé de partir brusquement pour l'Allemagne, et qui avait laissé dans son logement un piano qu'il n'avait pas eu le temps de vendre. La chambre de mademoiselle Fanfinette pouvait contenir aisément une vingtaine de personnes, c'était donc chez elle que l'on était convenu de se réunir. Ces demoiselles, sachant qu'il y avait un piano chez Fanfinette s'étaient dit :

« — Nous danserons au piano... »

Il n'y avait qu'une petite difficulté : c'est qu'aucune de ces demoiselles ne savait en toucher. La réunion devait se composer de Thélénie, Tontaine, Fanfinette, Nanine, Edelmone, Anisette, et deux amies de ces demoiselles. D'abord on s'était bien promis de n'admettre aucun homme à cette soirée, mais ensuite un amendement avait été proposé, c'est que l'on pourrait y inviter un monsieur s'il savait toucher du piano.

Comme il n'y a pas de bonne fête si l'on ne s'y restaure pas, on s'était dit :

« — Quand nous serons toutes réunies
» nous improviserons un petit souper suivant
» nos moyens... »

Le jour des rois est arrivé. La réunion est fixée pour neuf heures au plus tard, mais plusieurs de ces demoiselles ne peuvent être libres avant. A huit heures, Fanfinette et Nanine s'occupent déjà à préparer le local pour la fête. D'abord comme il gèle très-fort, c'est un grand feu qu'on a allumé dans la cheminée ; ensuite on songe à l'éclairage. Fanfinette veut que ce soit très-brillant, elle a emprunté une lampe carcel à une voisine, un quinquet au portier ; joignez à cela deux flambeaux dépareillés dans lesquels elle met de la bougie, et un brûle-tout qu'elle place sur son carré et vous aurez une idée de l'éclairage de cette soirée.

A huit heures et demie un bruit de socques qui se fait dans l'escalier annonce l'arrivée de plusieurs de ces demoiselles. En effet, c'est Anisette avec deux apprenties en confection, on les entend bavarder depuis le premier étage.

« — Ah ! que c'est brillant ici ! » dit Anisette en entrant chez la modiste, « en vé-

» rité, c'est superbe... j'ai cru que j'entrais
» au grand hôtel du boulevard de la Made-
» leine... Mesdemoiselles... ôtons nos soc-
» ques et tâchons de ne pas les mêler.. Der-
» nièrement on m'a pris un des miens et on
» m'en a laissé un cassé à la place... J'ai été
» obligée de revenir en boitant...

» — Vous n'amenez pas de pianiste ? »
dit Fanfinette.

« — Je ne connais en fait de musicien

» que monsieur Colinot, il viendra sur les dix
» heures, il ne peut pas venir avant, il est
» dans un orchestre de théâtre...

» — Et il sait toucher du piano, ton mon-
» sieur Colinot?

» — Dame! je pense que oui... puisqu'il
» est musicien... Est-ce que tous les musi-
» ciens ne jouent pas du piano?

» — Je n'en suis pas persuadée...

» — Et le souper... as-tu pensé au sou-
» per... au gâteau des rois...

» — Tu sais bien que nous ne devons
» régler le menu que quand tout le monde
» sera réuni...

» — Ah! à propos, j'ai rencontré Sibille
» Peloton, je lui ai parlé de notre soirée, il
» m'a demandé à venir...

» — Tu l'as refusé... j'espère... il pro-

» mettrait beaucoup de choses et n'apporte-
» rait rien...

» — Je lui ai dit : nous ne recevons que
» les jeunes gens qui savent toucher du piano,
» alors il m'a assuré qu'il en touchait très-
» bien...

» — Je parie que c'est un mensonge...
» alors il viendra, ce mauvais sujet...

» — Dame ! puisqu'il nous fera danser.

» — Ah ! j'entends Edelmone...

» — Elle est avec un monsieur... Ah !...
» quelle grande asperge...
» — C'est, dit-elle, un jeune homme très
» comme il faut, qui arrive d'Amérique et
» veut l'établir dans la haute nouveauté.
» — Il a l'air d'un fameux jobard...
» — Chut ! le voilà... »

La sentimentale Edelmone fait son entrée, en tenant toujours son bras sous celui de son cavalier. Celui-ci, habillé tout en noir et cravaté de blanc, se tient raide comme un pieu et salue tout d'une pièce, tandis que son introductrice dit :

« — Mesdemoiselles, permettez-moi de
» vous présenter monsieur Yorksir, anglo-
» américain, qui a l'intention de s'établir
» peut-être à Paris où il vient se perfection-
» ner dans la langue française.

» — Il a l'air d'un employé aux pompes

» funèbres, son anglo, » dit tout bas Anisette.

« — Et monsieur sait toucher du piano ?» dit Fanfinotte au nouveau venu.

« — Oh ! yes, médemoiselles : je apprenais » depuis trois années...

» — S'il apprend depuis trois ans, il doit » être fort ! » murmure la modiste, tandis que le couple qui vient d'arriver se dirige, sans se lâcher, du côté de la cheminée et se chauffe en se tenant toujours sous le bras, comme s'ils étaient sur le boulevard.

« — Il paraît qu'Edelmone a peur qu'on » ne lui vole son *anglo-américo*, » murmure Anisette en riant. « Voyez donc, mesdemoi- » selles, elle ne le lâche pas, même pour » chauffer ses pieds... ce sera drôle si cela » dure comme cela toute la soirée !...

» — Ecoutez donc, mesdemoiselles, Edel- » mone a eu tant de peine à trouver un amou-

» reux qu'il n'est pas étonnant qu'elle s'y
» agrippe.

Les réflexions de ces demoiselles sont interrompues par l'arrivée de Thélénie; la belle brune fait son entrée en polkant, puis s'arrête au milieu de la chambre en disant :

« — Eh bien, je n'entends pas la musique...
» est-ce qu'il n'y a personne pour nous tou-
» cher quelque chose...

» — Si, voilà un monsieur que Edelmone

» a amené, et qui a trois ans de piano, il
» faut espérer qu'elle lui lâchera le bras
» pour qu'il nous fasse danser... nous at-
» tendons aussi monsieur Colinot, qui est
» musicien dans un théâtre...

» — A l'Opéra?...

» — Non, aux Funambules...

» — C'est pas la même chose...

» — Mesdemoiselles... il faut bien com-
» mencer... les premiers talents dramatiques

» se sont fait connaître d'abord aux boule-
» vards....

» — C'est juste... et le souper, mesde-
» moiselles, y pense-t-on ?

» — Quand nous serons toutes réunies...
» il nous manque encore Tontaine.. elle ne peut
» pas tarder... »

Un bruit inattendu qui se fait sur le carré, attire l'attention de la société, on court voir ce qui le cause et on trouve Sibille Peloton, qui a marché sur le brûle-tout et mis le feu au bas de son pantalon.

« — Un verre d'eau .. mesdemoiselles...
» sauvons mon pantalon... » s'écrie Sibille.

» — Ah ! il arrive pour faire des bêtises,
» celui-là ! » dit Fanfinette. « Comment...
» vous écrasez mon brûle-tout !...

» — J'ai cru que c'était un lampion...

» — Ce n'était pas une raison pour mar-
» cher dessus... Tenez, voilà un verre de
» cidre... Eh bien, il le boit...

» — Pourquoi pas ? mon pantalon est
» éteint... il y a un morceau de brûlé... mais
» ça ne se voit pas!... Mesdemoiselles, je
» vous présente mes hommages!...

» — Comment, vous avez invité ce petit
» blagueur! » dit Thélénie, « et de quel
» droit est-il de notre festin ?

» — Il a dit qu'il savait toucher du
» piano...

» — Nous allons voir si cela est vrai...
» Allons, jeune Peloton, mettez-vous au piano
» et jouez-nous un quadrille...

» — Quoi, mesdemoiselles, à peine arrivé,
» laissez-moi du moins le temps de me
» chauffer... J'ai l'onglée aux doigts...

» — Chauffez-vous vite alors...

» — Si monsieur voulait en attendant

» nous jouer un petit air... pour que nous » sautions un peu, » dit Fanfinette en s'adressant à l'étranger. Celui-ci détache enfin son bras de celui d'Edelmone et fait un profond salut en répondant :

» — *Oh yes! miss*... médemoiselles, je » volais bien... je suis content de pouvoir... » amuser vo!... »

Et ce monsieur se dirige majestueusement vers le piano ; il s'asseoit, se mouche, regarde longtemps les touches, semble chercher dans sa tête ce qu'il veut exécuter, puis enfin pose ses mains sur le clavier, a l'air fort embarrassé et essaye, d'un doigt deux, ou trois notes tout en disant :

« — Je ne me rappelle plus bien mon » air... Oh! je vais retrouver... Ah! oui... » je sais... Oh! le voilà... »

Et monsieur Yorksır se met à jouer l'air

de Malbrouck, en y faisant un accompagnement faux.

« — Mais c'est Malbrouck, ça, » crient les demoiselles, « nous ne pouvons pas dan-
» ser là-dessus !... Jouez nous donc autre
» chose...

« — Vo volez autre chose ?

» — Oui, oui, un air dansant...

» — Attendez que je me souvienne... oh !

» oui... Je savais autre chose !... oh ! je me
» souviens... »

Et ce monsieur se met à jouer : *Ah ! vous dirai-je maman...*

« — Mais c'est encore pis que l'autre,
» ça, » dit Thélénie, « on ne danse pas là-
» dessus, autre chose, monsieur...

» — Encore autre chose... Oh ! attendez,
» Je volais bien. »

Monsieur Yorksir recommence l'air de Malbrouck, toutes les jeunes filles crient :

« — Assez, assez... pas celui-là! » Alors ce monsieur rejoue : *Ah! vous dirai-je maman,* et finit par déclarer qu'il ne sait encore que ces deux airs-là...

« — Il va bien, ce gaillard-là, pour trois » ans de piano! » dit Sibille en continuant de se chauffer. « S'il continue, dans une di- » zaine d'années il saura la monaco!...

» — Comment, monsieur, il y a trois ans
» que vous apprenez le piano et vous ne sa-
» vez encore que ces deux airs-là ? » dit Fanfinette à l'anglo-américain, qui répond :

« — Oh ! miss, attendez... Je avais com-
» mencé il y a trois ans, mais je avais pas
» continué! Je avais *rappris* il y a deux ans,
» mais je avais suspendu. . Je avais remis à
» apprendre il y a un an... Mais je avais en-

» core cessé... Je recommence seulement de-
» puis huit jours...

» — Eh bien, si nous n'avions que vous
» pour nous faire danser, ce serait gentil...

» — Edelmone nous a mis dedans avec
» son anglo. Mesdemoiselles, il faudra qu'il
» paye un fameux gâteau des rois pour nous
» dédommager.

» — Oh! oui, avec un pâté en guise de
» fève.

» — Allons, petit Sibille, vous vous êtes
» assez chauffé, vous ne devez plus avoir
» l'onglée... vite au piano et faites-nous
» sauter... »

Le jeune négociant fait la sourde oreille, mais Anisette et deux autres demoiselles vont le chercher et le poussent vers le piano. Quand il est tout contre il met ses deux mains sur l'instrument, en disant :

« — Mesdemoiselles ! je vous ai dit que je

» savais toucher du piano, je ne vous ai pas
» menti : voyez si, en ce moment, je ne le
» touche pas, et des deux mains, encore !...
» mais je n'en touche pas autrement que
» ça !... »

Un cri général s'élève, les jeunes filles se jettent sur Sibille, qui rit comme un fou; elles veulent le battre et le renvoyer, mais il demande grâce en disant :

« — Mesdemoiselles, suis-je donc si cou-
» pable, parce que je désirais passer la soi-
» rée avec vous... mais si je ne sais pas
» jouer de cet instrument, en revanche je
» joue très-joliment du mirliton, et j'en ai
» apporté un qui est de taille, voyez... »

En disant cela, le jeune homme sort de sa poche un mirliton qui a deux pieds de long. La vue de cette flûte à l'ognon calme ces demoiselles et Thélénie s'écrie :

« — Enfin, si nous n'avons pas mieux,
» nous danserons au mirliton... mais voyez
» donc cette Tontaine qui ne vient pas....

— » On monte l'escalier, c'est elle sans
» doute...

» — Non, c'est M. Colinot.

» — Ah! un vrai musicien, celui-là, il
» nous fera danser au moins... »

M. Colinot est un petit homme de cinquante ans, très-laid, très-chauve, très-sale, qui a toujours une redingote aussi longue qu'une soutane, qu'il boutonne hermétiquement, afin d'avoir plus de négligence dans l'entretien de ses pantalons. Du reste d'un caractère charmant, faisant tout ce qu'on veut pour se rendre agréable en société.

Les demoiselles l'entourent en criant :

« — Ah ! voilà monsieur Colinot, bon-
» soir monsieur Colinot...

» — Mesdemoiselles, j'ai bien l'honneur...

» je suis venu plus tôt que je n'espérais...
» mais il y a notre comique qui s'est donné
» une entorse... on n'a pas pu finir la
» pièce...

» — Ah ! comme c'est heureux !.. vous
» allez nous faire danser, monsieur Colinot ?

» — Je ne demande pas mieux, mesde-
» moiselles... est-ce que vous avez une con-
» trebasse ici ?

» — Une contrebasse ! par exemple ! nous
» avons un piano !

» — Ah diable !.. c'est que je ne sais pas
» le piano, moi, mon instrument, c'est la
» contrebasse.

» — Ah ! mon Dieu ! nous sommes en-
» core volées !.. Comment, monsieur Colinot
» vous ne savez pas une pauvre petite Polka
» au piano !

» — Je ne m'y suis jamais essayé, mes-
» demoiselles... mais si on pouvait trouver
» une contrebasse chez des voisins...

» — Laissez-nous donc tranquille! joli
» instrument pour danser.. c'est bon pour
» faire valser les ours...

» — Ah! je joue encore du triangle...

» — Nous n'en avons pas...

» — Avec des pincettes, je l'imiterai par-
» faitement...

» — Des pincettes et un mirliton ! il sera
» harmonieux notre orchestre !

» — Mesdemoiselles, » dit Thélénie,
« comme je vois que la danse n'ira que d'une
» jambe, faisons toujours notre menu du sou-
» per, nous n'avons pas besoin d'attendre Ton-
» taine pour cela... Voyons, d'abord sommes-
» nous bien riches ; mettons à la masse ..
» moi je mets vingt francs !

» — Diable ! tu es riche, toi, » dit Fanfinette, « moi j'en mets quinze...

» — Moi dix...

» — Moi autant...

» — Moi cinq...

» — Moi six francs...

» — Moi, » dit la jeune Nanine, « je n'ai » pu économiser que trois francs dix sous !..

» — Ça ne fait rien !.. chacun selon ses

» moyens... pas de fierté ici ! . cela nous fait
» déjà soixante-neuf francs cinquante...
» c'est gentil... il y a encore Tontaine, mais
» elle n'augmentera pas beaucoup la masse.

» — Et ces messieurs que nous oublions...
» puisque c'est un pique-nique, il me semble
» que nous n'avons pas besoin de les ré-
» galer...

» — D'autant plus qu'ils ne touchent pas
» du piano. »

Fanfinette présente à monsieur Yorksir l'assiette dans laquelle on a mis l'argent, en lui disant :

« — Monsieur, que mettez-vous pour le
» souper ? »

Le soupirant d'Edelmone regarde l'assiette, regarde la société, puis regarde le plafond.

« — Est-ce qu'il cherche encore un air, » dit Anisette.

« — Pardon, mademoiselle, miss... je » comprenais pas...

» — Edelmone, fais donc comprendre à » monsieur que c'est un pique-nique... et » que chacun paie... »

La grande blonde chuchotte dans l'oreille de son amoureux, qui se pince les lèvres d'un air vexé et sort enfin de sa poche trois pièces de vingt sous en disant :

« — Oh! pardon, je savais pas qu'on » payait... *very well*... voilà trois francs, je » mangerai pas pour davantage!

» — Eh bien! il est généreux, son noble » étranger, » dit Thélénie en riant, « je crois » que cette grande Edelmone s'est moquée » de nous; c'est un américain de Chaillot, » ça! Voyons à Sibille, maintenant... Allons, » petit bel homme... exécutez-vous, vous » avez un mensonge à expier. »

Sibille fouille dans une poche, puis dans l'autre, puis dans ses goussets et s'écrie :

» — Ah! sapristie!.. j'ai oublié ma
» bourse!..

» — Oh! nous la connaissons celle-là...
» elle est mauvaise, mesdemoiselles, fouillez
» ce monsieur!..

Le jeune Peloton se laisse fouiller, on trouve sur lui une pièce de dix sous et sept gros sous.

« — Mon petit, » dit Fanfinette, « je » vous certifie que vous ne mangerez que » pour dix-sept sous...

» — Mesdemoiselles, rassurez-vous, je » voulais vous faire une surprise, mais puis- » que vous m'y forcez, je dois vous dire que » j'ai commandé un superbe gâteau des rois » qu'on apportera dans une heure.

» — Nous verrons si c'est encore un men-

» songe!.. si le gâteau ne vient pas, prenez » garde à vos oreilles.

» — Mesdemoiselles, » dit monsieur Colinot, « permettez-moi de vous offrir ces » quarante sous... je regrette de ne pouvoir » faire plus...

» — Oh! vous, papa Colinot, vous ne » paierez pas, nous voulons vous régaler...

» — Non, mesdemoiselles, je ne le souf-

» frirai pas... je tiens à contribuer au » souper.

» — Soit !.. nous possédons alors soixante- » quinze francs et sept sous, en comptant le » fond des goussets de monsieur Sibille... » mais avec cela nous pouvons faire un festin » de Balthazar... Pâté, volaille, jambon, » saucisson, fromage, gâteau, petits fours...

» — Et des mendiants, mesdemoiselles, » n'oubliez pas les quatre mendiants.

» — Et du vin donc !

» — J'ai déjà du cidre ici !

» — Oh ! nous aimons mieux le vin... » nous pourrons nous permettre deux bou- » teilles de champagne... enfin il faut tout » dépenser...

» — Oui, oui, jusqu'au dernier sou !..

» — Il faut tout manger...

» — Et tout boire ! » s'écrie le jeune Peloton en se frottant les mains.

» — Mais quelqu'un monte l'escalier...

» — Ah ! voilà Bouci-boulà ! ce n'est pas » malheureux. »

La grosse Tontaine entre avec un cabas sous son bras et salue à droite et à gauche :

« — Bonsoir, mesdemoiselles.

» — Te voilà enfin, » s'écrie Thélénie, « et pourquoi donc viens-tu si tard, toi qui » devait te charger d'aller aux provisions...

» — Ah! mademoiselle... ce n'est pas
» ma faute... c'est que... si vous saviez...
» j'ai fait une rencontre...

» — Tiens!.. on dirait que tu as pleuré,
» Tontaine, tu as l'air tout triste...

» — Oui, j'ai pleuré... Ah! cela m'a fait
» tant de peine de la voir ainsi!..

» — Qui donc... voyons, parle, conte-
» nous ce qui t'a comme cela attristé...

» — Eh bien, mesdemoiselles, voilà ce
» que c'est : Figurez-vous que je sortais de
» chez le charcutier... où je venais d'ache-
» ter un jambon de Rheims... tout désossé,
» tenez, le voilà...

» — Oh ! c'est délicieux cela...

» — Diable, Tontaine s'est distinguée...
» c'est cher ça.

» — Mais laissez-la donc parler.

» — Eh bien, tout à coup je me trouve en
» face d'une figure pâle et maigre... et un air
» si malheureux... je ne l'aurais pas recon-
» nue, si elle ne m'avait dit bonsoir la pre-
» mière... c'était Marie...

» — Marie... notre ancienne camarade
» de chambre?

» — Oui, Marie, notre ancienne com-
» pagne... qui était si gentille, si fraîche...

» Ah! si vous saviez comme elle est chan-
» gée... c'est à ne pas croire que c'est
» elle!.

» — Que lui est-il donc arrivé?

» — Elle n'a donc pas pas fait fortune...

» — Celui qui l'a fait quitter son maga-
» sin l'a donc plantée-là?

» — Ah! mesdemoiselles... ce n'était rien
» de tout cela... nous avions mal jugé Marie,

» cette pauvre fille, c'est pour avoir soin de
» sa mère, c'est pour la soigner... pour rester
» toujours près d'elle qu'elle a tout à coup
» quitté sa lingère...

» — Sa mère... elle a donc retrouvé sa
» mère ! je croyais qu'elle n'en avait pas !

» — Qu'elle est bête cette Anisette...
» comme si on n'avait pas toujours une
» mère... seulement il paraît que celle-ci qui

» voulait sans doute faire toujours la jeune,
» ne voulait pas qu'on sut qu'elle avait une
» fille...

» — Il y en a beaucoup de mères comme
» ça, qui ne veulent être que notre sœur.

» — Elle avait défendu à Marie de dire
» qu'elle était sa fille... probablement que
» dans ce temps-là elle roulait sur des ca-
» chemires ; mais elle est devenue malheu-

» reuse et alors elle a été bien heureuse de » trouver sa fille pour la soigner.

» — Pauvre Marie ! comment c'était pour » soigner sa mère qu'elle quittait si brusque- » ment sa lingère... et nous qui la croyons » richement entretenue.

» — Le plus malheureux de tout cela, » c'est que sa mère est tombée malade... » pour qu'elle ne manque de rien, Marie a

» dépensé toutes ses petites économies. En-
» suite elle a demandé partout de l'ouvrage...
» mais on n'en trouve pas toujours...la lingère
» chez qui elle était et qui sait comme elle tra-
» vaille bien, aurait pu lui donner de bons
» ouvrages bien payés, mais elle a défendu
» à Marie de se représenter chez elle. La
» pauvre fille est désolée, car l'hiver est venu,
» il faut du bois pour se chauffer, et Marie

» pleurait en me disant : Je n'ai pas d'ou-
» vrage, je n'ai plus rien à engager... et ma
» mère va avoir froid, car je ne sais plus
» comment avoir du bois... Ah ! mesdemoi-
» selles... ça m'a fait bien de la peine d'en-
» tendre cela... et si alors mon jambon n'a-
» vait pas été acheté... j'aurais offert tout
» mon argent à Marie pour qu'elle pût avoir
» du feu. »

Toutes les jeunes filles sont devenues sérieuses, quelques-unes ont même des larmes dans les yeux, et Thélénie est de ce nombre. Mais tout à coup passant sa main sur son visage, elle s'écrie :

« — Pas d'ouvrage!.. pas de bois!.. une
» mère malade!.. Pauvre Marie... et nous
» ferions un festin! et nous engloutirions

» soixante-quinze francs en une soirée, tandis qu'avec une partie de cette somme nous
» pouvons soulager la misère d'une ancienne
» camarade... Mesdemoiselles, est-ce que
» c'est votre avis... est-ce que vous avez
» encore envie de champagne, de volailles et
» de pâtés pour souper ?

» — Oh ! non... non... secourons Marie
» d'abord...

» — Des pommes de terre frites et du » cidre... mais que notre ancienne camarade » ne soit plus dans la peine...

» — Oui!.. oui!.. des pommes de terre... » ça nous est égal...

» — Oh ! je avais pas donné trois francs, » *Goddem!* pour rien que des pommes de » terre!..

» — Monsieur l'Américo, vous n'avez pas » la parole, et ce n'est pas vous que l'on con- » sultera.

» — Je vote comme ces demoiselles, » dit Sibille, « et certainement si mon gâteau n'était » pas commandé... mais maintenant il doit » être au four... il faudra bien le manger.

» — Moi je suis aussi pour les pommes

» de terre frites, » dit le papa Colinot, « avant » de se régaler il faut penser à ceux qui sont » dans le besoin...

» — Bravo, père Colinot, » reprend Thélénie, « ça vaut mieux qu'une valse au piano, » ce que vous dites-là !.. Mesdemoiselles, » voulez-vous me laisser l'emploi des fonds...

» — Oui... oui...

» — Eh bien, voilà soixante francs que » je mets de côté pour Marie... Tontaine, tu » sais où elle demeure.

» — Oui, elle m'a donné son adresse en » me priant de tâcher de lui trouver de l'ou- » vrage...

» — Oh! nous lui en trouverons, mais en

» attendant, dès demain elle aura les soixante
» francs...

» — Je demande à les lui porter, » s'écrie
Sibille.

» — Le plus souvent, vous n'auriez qu'à
» vous perdre en route... et on ne vous re-
» trouverait plus ! Non, c'est moi qui irai
» trouver Marie, qui lui demanderai pardon

» d'avoir mal jugé sa conduite, qui ranimerai
» son courage en lui promettant de l'ouvrage
» et qui la supplierai d'accepter notre argent,
» ce qui ne sera peut-être pas le plus facile,
» car Marie est fière et ne voudrait pas de-
» mander, mais je lui dirai que c'est pour sa
» mère et qu'elle nous le rendra plus tard.
» Voilà qui est arrangé. Demain, dès le

» matin, j'irai chez Marie, et ceux où celles
» qui voudront savoir le résultat de ma dé-
» marche, pourront venir me le demander le
» soir, ici, chez Fanfinette... je leur conterai
» tout ce que j'aurai appris. Maintenant il
» nous reste quinze francs à fricoter, sans
» compter le jambon qu'apporte Tontaine et
» le superbe gâteau que le jeune Sibille nous

» annonce. Anisette viens avec moi, allons » aux provisions... je vous promets que nous » aurons encore de quoi nous rassasier !..

» — Je aimais pas le pomme de terre » frite! » murmure de nouveau monsieur Yorksir.

« — Soyez tranquille, milord, à cette » heure-ci il n'y a plus de friture... mais

» vous aurez du fromage d'Italie à gogo, et » cela remplace très-agréablement les » truffes. Qu'on nous donne deux paniers, et » en avant, marche ! »

On trouve un grand panier et un énorme cabas dont s'emparent Thélénie et Anisette, puis ces demoiselles sortent pour aller aux provisions. Pendant leur absence. Sibille s'exerce sur le mirliton et monsieur Colinot se fait une espèce de triangle avec une tringle de rideau. Les jeunes filles mettent le couvert, auquel il manque quelques fourchettes et plusieurs couteaux, mais il est entendu que l'on se prêtera mutuellement ces ustensiles. Monsieur Yorksir se promène majestueusement autour de la table en disant :

« — Dans le taverne on n'avait pas de » serviette, mais tout le monde il avait un » couteau.

» — Eh bien, milord, » dit Fanfinette, « nous avons des serviettes, nous, ce qui » prouve que nous sommes plus propres que » dans les tavernes ! »

Thélénie et Anisette reviennent avec une

masse de charcuterie, des pains, du fromage et suivies d'un garçon marchand de vin qui apporte six bouteilles à seize.

Puis un petit patronet se présente enfin avec un petit gâteau feuilleté qui peut bien valoir quinze sous.

« — Comment, Sibille, c'est là votre su-
» perbe gâteau ! » dit Anisette.

» — Mesdemoiselles, ce n'est pas ma
» faute si on l'a fait si petit pour le prix!..
» je suis volé voilà tout...

» — Je crois plutôt que c'est nous qui
» sommes volées!.. faites donc onze parts
» avec cela... c'est difficile.

» — Il faut les faire cependant, et convenir

» que celui qui aura la fêve paiera un autre
» gâteau...

» — S'il a de l'argent.

» — On ne le paiera pas ce soir. »

Thélénie coupe le gâteau et en offre à tout le monde en disant :

» — Surtout qu'on ne s'avise pas de tri-
» cher... il y a une fêve, j'en suis sûre, je

» l'ai vue en regardant le gâteau en dessous...

Chacun prend sa part. Les demoiselles tâtent leur gâteau et le montrent à la société, en disant :

» — Je n'ai pas la fève...

» — Ni moi, on peut le voir.

» — Mesdemoiselles, » dit Sibille, « je n'ai

» pas la fève, au reste je demande qu'on
» me tâte pour s'en assurer. »

Mais monsieur Yorksir, après avoir tâté sa part de gâteau, la porte vivement à sa bouche et l'avale non sans faire quelques contorsions, en disant :

» — Je avais pas non plus le petit ha-
» ricot !..

» — Et moi je suis sûre que c'est lui qui » l'avait, » dit Thélénie à ses amies, « décidément le noble étranger d'Edelmone me » fait l'effet d'un cuistre ! mais il faudra le » soigner en conséquence au souper. Mesdemoiselles, je découperai le jambon de » Rheims, et tout le monde en aura, excepté » lui.

» — C'est cela, tu feras dix parts... on lui
» passera l'assiette en dernier.

» — Mesdemoiselles, je propose un quadrille avant de manger, cela nous mettra
» en appétit.

» — Oui, un quadrille au mirliton. »

Sibille prend sa flûte à l'ognon, monsieur Colinot sa tringle, on donne à monsieur Yorksir deux morceaux d'assiette cassée, dont il doit faire des castagnettes, et les huit demoiselles dansent entr'elles. Après le quadrille elles demandent une polka, après la polka une mazurke, après la mazurke une valse, et après la valse... le souper.

La société se met gaiement à table. Faute de roi, Thélénie est proclamée reine. Le souper est fort gai. On boit d'abord du cidre, puis on fête le vin à seize. Le jambon de

Rheims est trouvé excellent, même par l'Anglo-Américain avec qui Edelmone a partagé son morceau. Les saucissons, le fromage d'Italie, les petits bondons de Neuchâtel ont le plus grand succès. On crie : vive la reine avec le vin à seize, tout aussi bien qu'avec du champagne, et les demoiselles de magasin ont de plus dans le fond de l'âme ce contentement qui suit toujours une bonne action.

Monsieur Yorksir seul, avale plusieurs fois de travers, mais Sibille lui dit :

» — C'est le petit haricot qui vous sera » resté dans le gosier. »

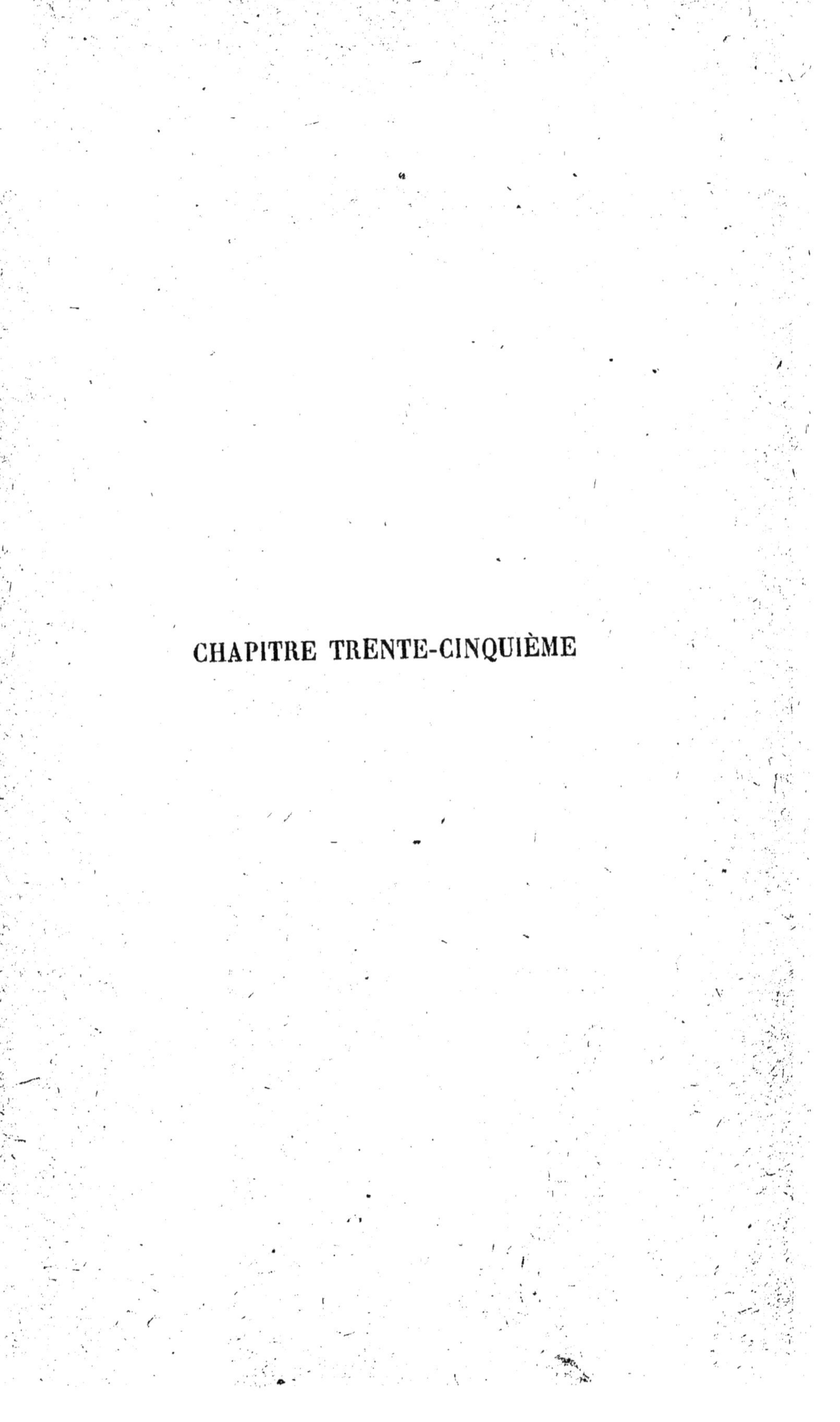

CHAPITRE TRENTE-CINQUIÈME

XXXV

Il vaut mieux tard que jamais.

Depuis quelques semaines l'état maladif de Paola s'était considérablement aggravé, elle n'avait qu'à peine la force d'aller de son lit sur la causeuse qui était placée contre le feu.

Mais ce matin-là, comme il n'y avait pas de feu dans la cheminée, Paola n'avait pas quitté son lit, et Marie, debout contre la croisée. tournait le dos à sa mère, pour que celle-ci ne vit pas les larmes qui coulaient de ses yeux. Mais la pauvre fille cachait mal sa douleur, et si sa mère ne voyait pas ses pleurs, elle entendait ses soupirs, elle devinait son chagrin.

Se soulevant un peu sur son lit, Paola se tourne vers sa fille en lui disant :

» — Marie, pourquoi te tiens-tu ainsi
» éloignée de moi... pourquoi ne viens-tu pas
» t'asseoir-là... à mes côtés ?

» — Ah ! ma mère... c'est que... je re-
» gardais...

» — Allons, ne mens pas, chère enfant,
» c'est que tu pleures et que tu ne veux pas
» que je voie tes larmes... Viens... viens
» près de moi... Ah ! je ne me trompais pas...
» tu sanglottes ! Voyons, pourquoi te dé-
» soles-tu ?

» — Vous me le demandez! il fait bien
» froid... et nous n'avons pas de feu... et je
» n'ai pas de quoi en faire... je ne puis même
» gagner de quoi vous réchauffer... je n'ai
» pas d'ouvrage... j'en ai en vain de-
» mandé partout hier... je ne peux plus vous
» acheter le sirop qu'on vous a ordonné...
» Ah! je suis bien malheureuse!..

» — Calme-toi, ma fille, j'ai chaud dans
» ce lit, j'aime autant ne pas le quitter... le
» sirop ne me sert à rien, il ne me guérira
» pas... Tu es sans ouvrage aujourd'hui,
» eh bien! tu en trouveras demain. Sinon,
» nous vendrons ce meuble, cette causeuse...
» dont je ne me servirai plus guère...

» — Ah! ne dites pas cela, ma mère,

» vendre ce meuble que vous aimez... je ne
» le veux pas... Oui... demain j'aurai peut-
» être de l'ouvrage... J'ai rencontré hier au
» soir Tontaine, une de mes anciennes cama-
» rades... je lui ai conté ma position... C'est
» une bonne fille... elle m'a promis de parler
» aussi pour moi.

» — Mais tu travailles trop, pauvre en-

» fant, tu veilles une partie des nuits quand
» tu as de l'ouvrage...

» — Oh ! je suis si heureuse quand je
» travaille...

» — Parceque te tu dis : ma mère ne man-
» quera de rien... Chère Marie, je te connais
» bien maintenant... et pourtant j'ai été
» bien dure, bien injuste avec toi...

« — Non... non, vous ne me connaissiez
» pas, vous ne pouviez pas m'aimer. »

» — Ne doit-on pas toujours aimer ses
» enfants !.. voilà ce que j'aurais dû me dire
» alors. Voyons... pendant que nous
» causons... puisque tu ne travailles pas...
» il faut que je te questionne encore sur quel-
» que chose... dont je voulais te parler de-

» puis longtemps... et j'ai toujours hésité à
» le faire... car on n'aime pas à avouer ses
» torts...

» — Oh! ma mère, si ce que vous allez
» me dire doit vous faire de la peine, gardez
» ces paroles... ne me dites rien... Vous
» m'aimez maintenant, vous m'appelez votre
» fille, qu'ai-je besoin de savoir rien de
» plus!..

» — Si mon enfant, je dois te dire la vé-
» rité... à quoi me servirait à présent le
» mensonge. Quand je t'ai fait dire de venir
» me parler... avant le funeste accident qui
» m'est arrivé, c'était pour te défendre de
» voir monsieur Roger... j'étais jalouse de
» toi, Marie, car j'aimais ce jeune homme...
» mais je n'avais pas le droit d'être jalouse,
» car aucune liaison d'amour n'avait existé

» entre moi et ce jeune artiste... jamais il
» n'était venu me voir, et tout en conservant
» avec moi la plus froide politesse, il avait
» refusé toutes mes invitations...

» — Il serait possible ! ma mère ! »

L'accent de bonheur avec lequel Marie laisse échapper cette exclamation, fait sourire Paola, qui reprend :

« — Pauvre fille !.. tu aimais ce jeune
» homme, n'est-ce pas, et tu refoulais cet
» amour au fond de ton cœur, parce que tu
» pensais qu'il offensait ta mère !.. Ah ! cesse
» de combattre ce sentiment... Quand tu re-
» verras Roger, ne le fuis plus... Avoue-lui
» toute la vérité... et s'il t'aime aussi,
» comme tu en es digne, il te pardonnera de

» lui avoir causé du chagrin puisque tu ne » faisais qu'obéir à ta mère...

» — Quoi ! vous permettez... vous voulez » bien... cela ne vous fera pas de peine si » monsieur Roger me parle...

» — Non, chère enfant, car maintenant » je vois toute la folie de ma conduite... et » pendant le peu de temps qui me reste à

» vivre, je voudrais au moins assurer ton » bonheur.

» — Ah ! ne parlez pas de mourir, ma » mère, vous guérirez, cette maudite toux » qui vous fatigue, cessera avec le prin- » temps... Alors j'aurai de l'ouvrage, nous » serons heureuses et... »

Deux petits coups frappés à la porte, interrompent Marie.

« — Entrez ! » dit-elle, et presque aussitôt Thélénie est devant elle. Un cri de surprise échappe à Marie qui vole vers son ancienne camarade de chambre, en disant :

« — Thélénie... toi ici... par quel hasard ?

» — Oh ! ce n'est pas un hasard ! c'est bien exprès ! » répond la belle brune après avoir jeté un regard sur le lit, mais Paola s'est tournée du côté du mur, peu soucieuse de montrer son visage. Marie attire Thélénie tout contre la croisée. Celle-ci lui dit à demi-voix :

« — C'est ta mère qui est couchée là ?

» — Oui.

» — Elle est malade ?

» — Elle tousse beaucoup, elle est très-

» faible, elle a besoin de beaucoup de
» soin...

» — Pauvre Marie ! nous avons vu Ton-
» taine, hier au soir, elle nous a raconté tout
» ce que tu as fait... et pourquoi tu as
» quitté ton magasin... mais laisse-moi
» t'embrasser d'abord, car j'en meurs d'en-
» vie !... »

Et prenant Marie dans ses bras, Thélénie l'embrasse à plusieurs reprises, puis la contemple, puis l'embrasse encore, en murmurant :

« — Tu es changée... tu es maigrie... tu
» as souffert... pauvre fille !

» — Mais non... j'ai été bien heureuse
» de venir près de ma mère...

» — Et pourquoi n'as-tu pas dit à ta
» lingère que c'était pour aller soigner ta
» mère que tu la quittais ?

» — Parce qu'alors... je ne le pouvais

» pas encore... je ne savais pas si ma mère... » voudrait m'avouer pour sa fille...

» — T'avouer pour sa fille... quelle est » donc la mère qui ne serait pas fière de » toi !.. Qu'est-ce que c'est donc que cette » mère-là qui ne venait jamais te voir ni » t'embrasser...

» — Chut !.. Chut !.. pas si haut !..

» — Mais dame... pour te défendre de te » dire sa fille... elle avait donc commis des » crimes...

» — Mais non... ma mère... c'est madame » de Beauvert.:. »

Thélénie est stupéfaite, elle ouvre de grands yeux et murmure enfin bien bas :

« — Madame de Beauvert, celle à qui est » arrivé cet accident... avec une perruche ?

» — Oui c'est cela !

» — Ah! je comprends tout maintenant... » c'est après avoir entendu Tontaine raconter » cette histoire que tu es partie bien vite... » que tu nous a quittées !

» — Sans doute, je venais d'apprendre » que ma mère était malheureuse... Ne de- » vais-je pas accourir près d'elle?

» — Pauvre Marie!.. Quoi cette dame.,. » qui est couchée là... est la même qui est » venue dans mon magasin... demander une » foule de choses pour Roger, en voulant » faire croire qu'il était son amant, et ce » n'était pas vrai... car j'ai su depuis la vé- » rité sur tout cela...

» — Tais-toi, Thélénie, tais-toi... ma

» mère est malade, malheureuse, il ne faut
» plus se souvenir de tout ce qui est passé...

» — Tu as raison... tu es une bonne
» fille... je m'en irai en me retournant pour
» que ta mère ne me voie pas, parce que
» cela ne lui ferait peut-être pas plaisir de
» me reconnaître... mais auparavant... j'ai à
» te dire... à te remettre... »

Thélénie avait dans sa poche la petite somme qu'elle apportait à Marie et elle ne savait comment la lui offrir. On est souvent plus embarrassé pour faire le bien que pour commettre une mauvaise action ! Enfin sortant de sa poche les soixante francs qu'elle avait enveloppés dans du papier, elle les met tout à coup dans la main de Marie en lui disant :

« — Tiens... voilà qui est à toi ?

» — A moi... comment... qu'est-ce que » c'est que cela...

» — C'est... c'est ta part du gâteau des » Rois que nous avons tiré hier avec ces demoi-

» selles... Ah ! ne vas pas nous refuser sur-
» tout, car alors nous croirions que tu ne
» nous juges pas dignes d'être tes amies.

» — Quoi... tu me donnes de l'argent...
» mais je ne veux pas...

» — Encore une fois je te dis que c'est ta
» part du gâteau... chacune a eu la sienne...
» les unes en pâtisseries... les autres en ar-
» gent... est-ce que tu ne nous aimes pas
» assez pour vouloir accepter de nous un lé-
» ger service que tu nous rendras plus tard...

» car chacun a ses moments de prospérité
» dans ce monde.

» — Ah ! Thélénie... que tu es bonne...
» dis à ces demoiselles...

» — Assez ! nous savons ce que tu penses,
» maintenant je me sauve... je vais courir
» chez la lingère, lui conter pourquoi tu l'as
» quittée, et je suis bien certaine qu'elle te
» donnera de l'ouvrage...

» — Quoi vraiment... tu espères...

» — Je n'espère pas... je suis sûre...

» Adieu.. embrasse-moi... tu auras bientôt » de nos nouvelles... et je vais me sauver » sans regarder du côté du lit. »

Thélénie est partie laissant Marie bien heureuse, car le secours inattendu qu'elle vient de recevoir, lui permet d'avoir du bois et d'attendre du travail sans que sa mère manque de rien. Paola n'avait pas reconnu la demoiselle du magasin de parfums.

« — Qui donc est venu ? » dit-elle à sa fille.

» — Une de mes anciennes camarades,
» une bien bonne fille, qui m'a promis de me
» faire avoir de l'ouvrage, de me raccommo-
» der avec ma lingère, et qui, en attendant,
» a voulu absolument m'avancer de l'ar-
» gent.

» — Tu le vois, Marie, tu avais tort de te
» désoler... à ton âge il faut toujours espé-
» rer. »

Thélénie s'est empressée de faire ce qu'elle a promis, elle se rend chez la lingère qui avait employée Marie, elle lui conte tout ce que la jeune fille a fait et pourquoi en sachant sa mère seule, malheureuse et souffrante, elle n'a pas voulu différer d'un instant à se rendre près d'elle. Alors l'ancienne patronne de Marie regrette beaucoup la sévérité avec laquelle elle a traité cette jeune fille, dont elle avait mal jugé la conduite, elle s'empresse de faire un volumineux paquet d'ouvrage et elle veut elle-même le porter dans la journée à Marie.

Le soir, presque toutes les demoiselles qui,

la veille étaient réunies chez Fanfinette, s'y retrouvent encore et le jeune Sibille Peloton, qui n'est pas moins curieux de savoir tout ce qui concerne Marie, ne manque pas de s'y rendre aussi pour connaître le résultat des démarches de Thélénie. Un cri de surprise échappe à tout le monde lorsqu'on apprend que Marie est la fille de madame de Beauvert; Sibille se frotte les mains, en disant :

« — En voilà des choses intéressantes !
» Je sais bien à qui je les raconterai de-
» main.

Le lendemain, en effet, sur les midi, Sibille Peloton entrait dans le nouvel atelier de Roger, où il trouvait Boniface Triffouille et son ami Calvados qui venaient après leur déjeuner passer quelques instants chez l'artiste.

En voyant paraître le petit commis, Boniface prend un air digne et lui dit avec gravité :

« — Avez-vous encore donné de mes por-
» traits à des femmes, monsieur, allez-vous

» encore me faire avoir quelque scène dans » un café ou sur la voie publique.

» — Mon cher monsieur Triffouille, je ne » possède plus une seule de vos photogra- » phies, par conséquent je n'en donnerai plus » à personne... Quant à la grosse dame de » la rue de la Tour d'Auvergne, mon cousin » m'a raconté votre aventure, elle est bonne... » mais je vous jure que je croyais lui glisser » mon adresse...

» — Vous étiez amoureux de ce co- » losse ?

» — Tant que je ne l'ai vue que par der-
» rière, oui... mais du moment qu'elle s'est
» retournée... j'ai pris mes jambes à mon
» cou. Messieurs si vous me voyez aujour-
» d'hui, c'est ce que je viens apprendre à
» monsieur Roger des choses qui l'intéres-
» sent, j'en suis sûr... et je veux qu'au moins
» une fois ma visite lui soit agréable... car
» j'ai bien deviné moi, que cette jeune Ma-
» rie qui travaillait chez une lingère... à
» côté de Thélénie, ne lui était pas indiffé-

» rente et je viens lui en donner des nouvelles.

» — Des nouvelles de Marie ? » s'écrie Roger « vous sauriez où elle est, ce qu'elle » fait... ah ! parlez Sibille, dites-moi tout ce » que vous savez...

Le jeune Peloton fait à ces messieurs le récit de tout ce qu'il sait, touchant Marie, mais lorsqu'il leur apprend que cette jeune fille avait pour mère madame de Beauvert, qui lui avait défendu de faire connaître le lien qui l'unissait à elle, un profond étonnement se peint sur tous les visages et Calvados paraît surtout fortement ému de tout ce qu'on lui dit des vertus, des qualités, de la beauté de Marie.

Puis Roger s'écrie tout à coup :

« — Thélénie lui avait dit sans doute que
» j'étais l'amant de madame de Beauvert!...
» pauvre Marie!... ah! je comprends main-
» tenant pourquoi elle me fuyait... pourquoi
» elle me défendait de lui parler... c'était
» encore par crainte de faire de la peine à sa
» mère... oh! je me justifierai, je dirai à
» Marie toute la vérité et il faudra bien

» qu'elle m'écoute, maintenant!... Sybille, » vous savez son adresse ?

» — Oui, la voici, Tontaine me l'avait » apprise et je l'ai écrite de peur de l'ou- » blier.

» — Ah! merci Sybille, merci mille fois, » ce que vous faites aujourd'hui, me » prouve que si vous êtes souvent étourdi » et inconséquent, vous aimez aussi à faire » rendre justice aux personnes injustement » soupçonnées...

» — Je vous pardonne le placement de » mes portraits, » dit Boniface en tendant sa

main au jeune Peloton, « mais vous n'en
» donnerez plus...

» — Si cependant c'était à une jolie
» femme ?...

» — Oh alors... tenez... j'en ai encore
» deux sur moi... je vous les confie. »

Calvados était resté tout sérieux et semblait plongé dans ses réflexions. Boniface s'approche de son ami et lui dit à l'oreille :

« — Dis donc... cette jeune Marie, si
» gentille, si bonne, est la fille de cette ma-
» dame Lucette... est-ce que cela ne te donne
» pas à réfléchir...

» — Si fait... si fait... cela me préoccupe
» beaucoup au contraire...

» — Ta maîtresse t'a dit que tu étais le
» père de sa fille... tu n'en es pas persuadé...
» mais cependant cela pourrait être... et
» dans le doute, dois-tu laisser dans le besoin,
» dans la misère même, cette pauvre fille...
» toi, qui es riche, qui n'a point d'enfants,
» qui peux sans te gêner assurer son avenir,
» je suis certain que ta femme, elle même,
» ne te blâmerait pas de faire du bien à cette
» pauvre Marie... »

Calvados serre la main de Boniface en lui disant :

« — Tu as raison, mon ami, tu as rai-
» son… tu es de province, mais tu as plus de
» cœur que beaucoup de Parisiens, tu seras
» content de moi. »

Le lendemain de cette journée, Marie travaillait auprès de sa mère; elle était heureuse, sa lingère était venue la voir et lui apporter elle même de l'ouvrage, en lui assurant que désormais elle ne l'en laisserait jamais manquer. Puis cette dame l'avait embrassée tendrement en lui demandant pardon d'avoir mal jugé sa conduite, il ne manquait plus au bonheur de la jeune fille que la rencontre d'une personne qu'elle ne craindrait plus d'écouter; mais quelque chose lui disait que cette rencontre-là ne tarderait pas à arriver.

Vers le milieu de la journée, un commissionnaire se présente porteur d'une lettre dont l'enveloppe est soigneusement cachetée, il demande madame de Beauvert, lui remet sa missive et s'éloigne on disant :

« — Il n'y a pas de réponse, le monsieur
» qui m'a remis cela est venu me conduire
» jusqu'à la porte, je suis payé.

» — Qui peut m'écrire, » dit Paola « cette
» lettre est bien grosse, elle renferme quelque

» chose, serait-ce encore un mémoire que j'ai
» oublié d'acquitter...

» — Si c'était cela, ma mère, le commis-
» sionnaire aurait attendu une réponse, » dit
Marie, « j'ai idée au contraire que le con-
» tenu de cette lettre doit vous faire plai-
» sir...

Paola brise les trois cachets. Alors des billets de banque sortent de l'enveloppe et tombent sur ses genoux.

« — Qu'est-ce que cela! » s'écrie Marie. « On dirait des billets de banque!...

» — Oui, ma fille oui... ce sont en effet

» des billets de mille francs... et il y en a
» huit... dix... quinze...

» — Quinze mille francs! mon Dieu...
» qui vous envoie cela... ah! lisez donc ma
» mère... »

Paola qui a vu au bas de la lettre la signature de Calvados, lit tout bas ce billet :

« — J'ai appris que vous n'étiez plus
» heureuse; que votre fille seule avait soin
» de vous, j'ai peut-être été jadis injuste à
» votre égard; veuillez accepter ces quinze
» mille francs; si vous ne les voulez pas
» pour vous, que ce soit alors pour
» elle. »

Marie attendait avec impatience que sa mère lui fît part du contenu de la lettre. Paola, après avoir lu, prend les billets de banque et les présente à sa fille en lui disant :

« — Tiens, Marie, c'est pour toi que l'on » m'envoie ces quinze mille francs...

» — Pour moi ! et qui donc vous envoie » cela...

» — C'est une personne que j'ai beaucoup » connue jadis... oh ! je puis sans honte » accepter cet argent... mais tu vois bien que » tu me portes bonheur, car, sans toi, on

» n'aurait jamais pensé à me faire ce cadeau.

» — Tous les bonheurs nous arrivent à la fois!... quinze mille francs! mais c'est une fortune cela!...

» — Non... et autrefois j'aurais follement dépensé cette somme, mais aujourd'hui je connais le prix de l'argent... celui-ci est à toi... tu le placeras, tu en feras ce que tu voudras.

» — A moi... à vous, ma mère, n'est-ce pas la même chose... mais désormais nous sommes à l'abri de la misère... vous n'aurez plus de crainte pour l'avenir... et vous

» vous rétablirez bien plus promptement. »

Paola soupire en pressant la main de sa fille, mais quelque chose lui disait tout bas, qu'elle ne se rétablirait pas.

Ce que Marie avait prévu ne tarde pas à se réaliser : lorsqu'elle sort pour chercher les provisions qui leur sont nécessaires, elle aperçoit Roger qui l'attendait à la porte de sa maison et qui court lui prendre la main, en lui disant :

» — Me fuirez-vous encore, je connais votre
» noble conduite, Marie, je sais quelle est votre
» mère, mais vous devez savoir aussi que

» l'on vous avait fait de faux rapports. Je n'ai » jamais cessé de vous aimer... je ne veux » aimer que vous... et mon plus ardent désir » est de vous nommer ma femme... car on ne » fait pas sa maîtresse d'une jeune fille qui » a votre mérite et vos vertus. »

Pour toute réponse, Marie a laissé sa main dans celle de Roger et cette main a doucement répondu à la pression de la sienne, cela valait tous les aveux, mais comme elle craint toujours de causer de la peine à sa mère, elle dit au jeune peintre :

» — Vous ne pouvez pas venir me voir
» chez nous, car votre présence pourrait en-
» core faire de la peine à ma mère, mais je
» vous dirai les heures où je sors le matin
» et dans l'après-midi, et lorsque vous dési-
» rerez me voir, vous serez sûr de me ren-
» contrer. »

Roger est heureux, il se contente de cette promesse, il sent bien qu'il faut ménager l'amour-propre et la santé de son ancienne voisine.

Mais malgré tous les soins que lui prodigue sa fille, Paola s'éteint un mois après ces événements ; elle avait été frappée au cœur par la perte de sa beauté, et ne désirait pas lui survivre. Cependant avant de mourir elle avait senti qu'il y a des jouissances plus douces que celles que procurent l'opulence et la coquetterie.

Est-il besoin de dire que Roger épouse sa chère Marie, lorsque celle-ci cesse de porter le deuil de sa mère. Calvados demande au jeune artiste la permission d'être un de ses témoins et fait un cadeau magnifique à la mariée, qu'il regardait avec une certaine fierté et qu'il embrasse avec quelques larmes dans les yeux.

Boniface Triffouille est de la noce ainsi que Sibille Peloton, qui se frotte les mains, en disant partout que c'est lui qui a fait ce mariage-là.

En voyant Roger épouser Marie, la belle Thélénie s'écrie :

« — Eh bien, il l'aimait donc... ce traître !
» ah ! bah ! au fait il avait raison : elle vaut
» mieux que moi. »

Quant aux autres demoiselles de magasin que

nous connaissons, elles continuent à aimer le plaisir et à faire le bien, lorsque l'occasion s'en présente ; si leur tête est légère, leur cœur est bon ; l'un doit faire excuser l'autre, il y a tant de gens, ici bas, qui n'ont pas un bon côté !...

FIN DU SIXIÈME ET DERNIER VOLUME.

TABLE

DES CHAPITRES DU SIXIÈME VOLUME

Wassy. — Imp. Mougin-Dallemagne.

NOUVEAUTÉS EN LECTURE
DANS TOUS LES CABINETS LITTÉRAIRES.

Les Demoiselles de Magasin, par CH. PAUL DE KOCK, 6 v. in-8.
Les Métamorphoses du Crime, par X. DE MONTÉPIN, 6 v. in-8.
Coquelicot, par le vicomte PONSON DU TERRAIL, 4 vol. in-8.
Le Mendiant de Tolède, par MOLÉ-GENTILHOMME et CONSTANT GUÉROULT, 4 vol. in-8.
Les Buveurs d'absinthe, par Henry de KOCK. 6 vol. in-8.
Les Chevaliers de l'As de Pique, par A. BLANQUET. 4 v. in-8.
Les Bohêmes de Paris, par P. DU TERRAIL, 7 v. in-8.
Crochetout le Corsaire, roman maritime par E. CAPENDU, 6 vol. in-8
Un crime mystérieux, par la Comtesse DASH, 3 vol. in-8.
Les Bateleurs de Paris, par Clémence ROBERT, 3 vol. in-8.
L'Oiseau du Désert, par Elie BERTHET, 5 vol. in 8.
Ecoliers et Bandits, par EDOUARD DEVICQUE, 4 vol. in-8
Les trois Hommes noirs, par Luc-CHARDALL, 4 vol. in-8.
Le Trou de Satan, par PONSON DU TERRAIL, 3 v. in-8.
La Famille de Marsal, par Alexandre de LAVERGNE, 7 vol. in-8.
Les Compagnons de la Torche, par X. DE MONTÉPIN, 5 vol. in-8.
Le Chevalier de la Renaudie, par EDOUARD DEVICQUE, 5 vol. in-8.
Les Démons de la Mer, par HENRY DE KOCK, 6 vol. in-8.
La Belle Antonia, par PONSON DU TERRAIL, 3 vol. in-8.
Alain de Tinteniac, par THÉODORE ANNE, 3 vol. in-8.
Le Gentilhomme Verrier, par ELIE BERTHET, 6 vol. in-8.
La Filleule d'Arlequin, par MAXIMILIEN PERRIN, 2 vol. in-8.
Noélie, par EUGÈNE SCRIBE, 4 vol. in-8.
Les Chevaliers du clair de lune, par PONSON DU TERRAIL, 7 vol.
Amaury le Vengeur, par PONSON DU TERRAIL, 7 vol. in-8.
L'Homme rouge, par Ernest CAPENDU, 5 vol. in-8.
L'Ame et l'ombre d'un Navire, par G. de LA LANDELLE, 5 v.
La Sorcière du roi, par la comtesse DASH. 5 vol. in-8.
Les Sabotiers de la Forêt noire, par E. GONZALÈS. 3 vol. in-8.
Le Nain du Diable, par la comtesse DASH. 4 vol. in-8.
Le Ménage Lambert, par A. de GONDRECOURT. 2 vol. in-8.
Fleurette la Bouquetière, par EUGÈNE SCRIBE. 6 vol. in-8.
Le Parc aux Biches, par XAVIER DE MONTÉPIN. 7 vol. in-8.
La Maitresse du Proscrit, par Emmanuel GONZALÈS. 4 vol. in-8.
Les Etudiants de Heidelberg, histoire du siècle de Louis XIV, par le vicomte PONSON DU TERRAIL. 7 vol. in-8.
Les Mystères de la Conscience, par ETIENNE ENAULT. 4 vol. in-8.
Les Gandins, par le vicomte PONSON DU TERRAIL. 6 vol. in-8.
L'Homme des Bois, par ELIE BERTHET. 6 vol. in-8.
Les trois Fiancées, par Emmanuel GONZALÈS. 3 vol. in-8.
La Tigresse des Flandres, par CONSTANT GUÉROULT. 3 vol. in-8.
Daniel le laboureur, par Clémence ROBERT. 4 vol. in-8.
Les grands danseurs du roi, par Ch. RABOU. 3 vol. in-8.
L'Amour au bivouac, par A. DE GONDRECOURT. 5 vol. in-8.
Les Princes de Maquenoise, par H. de SAINT-GEORGES. 6 v. in-8.
Le Cordonnier de la rue de la Lune, par Th. ANNE. 4 v. in-8.
Le Roi des gueux, par Paul FÉVAL. 6 vol. in-8.

Pour la suite des Nouveautés, demander le Catalogue général qui se distribue gratis.

WASSY. — IMPRIMERIE DE MOUGIN-DALLEMAGNE.

www.ingramcontent.com/pod-product-compliance
Lightning Source LLC
LaVergne TN
LVHW020617110826
845149LV00002B/506

* 9 7 8 2 0 1 9 2 2 5 9 6 4 *